Writing Activities W...

GLENCOE FRENCH ①

Bon voyage!

Conrad J. Schmitt • Katia Brillié Lutz

Glencoe McGraw-Hill

New York, New York   Columbus, Ohio   Chicago, Illinois   Peoria, Illinois   Woodland Hills, California

Glencoe/McGraw-Hill

A Division of The **McGraw·Hill** Companies

Send all inquiries to:
Glencoe/McGraw-Hill
8787 Orion Place
Columbus, OH 43240-4027

ISBN: 0-07-824270-3 (Teacher Edition, Writing Activities Workbook)
ISBN: 0-07-824269-X (Student Edition, Writing Activities Workbook)

Printed in the United States of America.

6 7 8 9 10 024 08 07 06 05 04

Table des matières

Workbook
Copyright © Glencoe/McGraw-Hill

Bon voyage! Level 1, Table des matières ⚜ **iii**

CHAPITRE 1

Nom _____ Date _____

Une amie et un ami

Vocabulaire   Mots 1

1 Mélanie Boucher Here's a picture of Mélanie Boucher. Write a story about her. You may want to use some of the following words.

Paris   petite   vraiment
française   brune   très
grande   amusante   assez

_____

_____

_____

2 Un Français Here's a picture of Stéphane Clément. Write as much about him as you can.

_____

_____

3 | **Brian Walker** Here is a picture of Brian Walker. Describe him.

_____

_____

4 | **Cognates** Check the words you can recognize.

chocolat _____

cinéma _____

hôtel _____

bicyclette _____

théâtre _____

téléphone _____

difficile _____

restaurant _____

5 | **Une question** Complete each question with the correct question word(s).

1. *Le garçon* est de Nice.

_____ est de Nice?

2. *Jean* est français.

_____ est français?

3. Jean est *de Nice.*

_____ est Jean?

4. Jean est *petit et brun.*

_____ est Jean?

Vocabulaire ◼ Mots 2

6 **Frère et sœur ou ami(e)?** Here are pictures of three people. Say as much as you can about each of them.

Fabien Cadet   **Charlotte Cadet**   **Anne-Sophie Verlaine**

_____

_____

7 **Le contraire** Match the word in the left column with its opposite in the right column.

1. _____ américain   **a.** brun

2. _____ blond   **b.** élémentaire

3. _____ intelligent   **c.** la sœur

4. _____ le frère   **d.** stupide

5. _____ secondaire   **e.** français

6. _____ petit   **f.** grand

8 **Un garçon ou une fille?** Check whether it's a boy or a girl who wrote the following sentences, or if it is impossible to tell.

G	F	?	
			1. Je suis française.
			2. Je suis américain.
			3. Je suis assez timide.
			4. Je suis très dynamique!
			5. Je suis assez grand.
			6. Je suis élève au lycée Montaigne.
			7. Je suis l'ami de Julie.
			8. Je suis l'amie de Julie aussi.

Un dessin Draw whatever you like by connecting different dots. Then write (in words) the numbers necessary to draw your work of art!

1• 　2• 　3• 　4• 　5• 　6• 　7• 　8•

9• 　10• 　11• 　12• 　13• 　14• 　15• 　16•

17• 　18• 　19• 　20• 　21• 　22• 　23• 　24•

25• 　26• 　27• 　28• 　29• 　30• 　31• 　32•

33• 　34• 　35• 　36• 　37• 　38• 　39• 　40•

41• 　42• 　43• 　44• 　45• 　46• 　47• 　48•

49• 　50• 　51• 　52• 　53• 　54• 　55• 　56•

57• 　58• 　59• 　60• 　61• 　62• 　63• 　64•

_____

_____

_____

_____

_____

Structure Les articles au singulier

10 **Le contraire** Give the opposite of each of the following.

1. une fille _____ 3. une élève _____

2. une sœur _____ 4. une amie _____

11 **Une fille française** Complete with **un** or **une**.

Leïla est _____ fille française. Leïla est _____
                          1   2

élève intelligente dans _____ collège à Paris. Elle n'est pas
                                    3

élève dans _____ école américaine.
                    4

Thomas est _____ garçon français. Thomas est _____
                        5   6

ami de Leïla. Il est élève dans _____ collège à Paris aussi.
                                              7

12 **Un garçon intéressant** Complete with **le** or **la**.

Qui est _____ garçon?

Qui ça? _____ garçon blond?

Oui. Ah, c'est Richard. Richard est _____ ami de Jean-Luc. Richard est aussi _____ frère de Sylvie.

Sylvie Colase? Sylvie est _____ sœur de Richard? Elle est élève au lycée Henri IV à Paris?

L'accord des adjectifs

13 Une fille intéressante Complete the cartoon by making each adjective agree with the noun it modifies.

14 La personalité Write a sentence about each person based on the illustration

1. Olivier   2. Paul   3. Charlotte   4. Françoise   5. Freddy

1. _____
2. _____
3. _____
4. _____
5. _____

Le verbe **être** au singulier

15 **Bonjour!** Complete the following conversation with the correct form of **être**.

Olivier: Tu _____ américaine?
                          1

Sandra: Oui, je _____ américaine. Et toi, tu
                            2

_____ américain?
            3

Olivier: Non. Moi, je ne _____ pas américain. Je
                                    4

_____ français.
            5

Sandra: Tu _____ de Paris?
                      6

Olivier: Non, je ne _____ pas de Paris. Je
                            7

_____ de Pau dans les Pyrénées.
            8

Je _____ élève dans un collège à Pau.
          9

Sandra: Et moi, je _____ élève dans une école secondaire à
                              10

Boston.

16 **Olivier et Sandra** Based on the conversation in Activity 15, write two sentences about Olivier and two sentences about Sandra.

1. _____

2. _____

3. _____

4. _____

17 **Au contraire** Rewrite the following sentences in the negative.

1. Je suis français(e).

_____

2. Je suis de Paris.

_____

3. Michelle est américaine.

_____

4. Michelle est élève dans une école secondaire américaine.

_____

Un peu plus

 A **Un peu de géographie** Every chapter in your workbook will include some passages with a few unfamiliar words in them. However, you should be able to understand them rather easily. You have probably noticed that many French words look a lot like English words. So when you don't know the meaning of a word, take a guess. Try the following reading.

La France est un pays. La France est en Europe. L'Europe est un continent. Paris est la capitale de la France. Paris est une très grande ville. Paris est une ville très intéressante. La France est membre de l'Union Européenne (l'U.E.). Le parlement de l'Union Européenne est à Strasbourg, en France.

B **Un continent, un pays ou une ville?** Check whether each of the following is a continent, a country, or a city.

	un continent	un pays	une ville
1. l'Afrique	☐	☐	☐
2. l'Espagne	☐	☐	☐
3. Strasbourg	☐	☐	☐
4. l'Europe	☐	☐	☐
5. l'Italie	☐	☐	☐
6. Bruxelles	☐	☐	☐

C **La Belgique** Complete each statement with the appropriate word.

1. La Belgique est un _____.

2. La Belgique, comme la France, est en _____.

3. La Belgique est un _____ francophone.

4. La _____ de la Belgique est Bruxelles.

5. Bruxelles est une grande _____ très intéressante.

6. La Belgique, comme la France, est un _____ de l'Union Européenne.

D **Jeu** Qui est l'ami de Sophie?

L'ami de Sophie est brun.   _____

Il n'a pas de lunettes (*glasses*).   _____

Il est à côté (*next to*) d'une fille.   _____

Mon autobiographie

Begin to write your autobiography in French. You will have fun adding to it through-out the year as you continue with your study of French. By the end of the year, you will have a great deal of information about yourself written in French. You will prob-ably be amazed at how much you have learned. You may even want to keep your autobiography and read it again in the future.

To start your autobiography, tell who you are and where you are from. Indicate your nationality and tell where you are a student. Also give a brief description of yourself. What do you look like? How would you describe your personality?

Mon autobiographie

CHAPITRE 2

Nom _____ Date _____

Les cours et les profs

Vocabulaire **Mots 1**

1 **Flore et Catherine** Complete the story about the girls in the illustration.

Flore et Catherine ne sont pas américaines. Les deux filles sont

_____. Elles sont amies. Les deux amies ne sont pas blondes.

¹

Elles sont _____. Elles sont très _____.

² ³

2 **Pierre et Paul** Rewrite the story from Activity 1 so it tells about the boys in the illustration.

_____

_____

_____

3 **Des mots** Give another word that means the same as each of the following.

1. des amies _____

2. des amis _____

3. une école secondaire française _____

4. pas difficile _____

Vocabulaire Mots 2

4 **C'est quel cours?** Identify the course.

1. les poèmes, les essais, les pièces de théâtre, les biographies, etc.

_____

2. les organismes vivants, les cellules, les chromosomes

_____

3. les rectangles, les triangles, les cercles, les parallélépipèdes

_____

4. les opéras, les symphonies, les concertos et d'autres compositions orchestrales

_____

5 **Les cours** Fill in your school schedule.

Heure	LUNDI	MARDI	MERCREDI	JEUDI	VENDREDI
	Déjeuner	Déjeuner	Déjeuner	Déjeuner	Déjeuner

Nom _____ Date _____

 6 **Un dessin** Draw whatever you like by connecting different dots. Then write (in words) the numbers necessary to draw your work of art!

37• 38• 39• 40• 41• 42• 43• 44•

45• 46• 47• 48• 49• 50• 51• 52•

53• 54• 55• 56• 57• 58• 59• 60•

61• 62• 63• 64• 65• 66• 67• 68•

69• 70• 71• 72• 73• 74• 75• 76•

77• 78• 79• 80• 81• 82• 83• 84•

85• 86• 87• 88• 89• 90• 91• 92•

93• 94• 95• 96• 97• 98• 99• 100•

_____

_____

_____

_____

_____

Structure Le pluriel: articles, noms et adjectifs

7 **Guillaume et Chloé** Complete the following story with **le, la, l'**, or **les.**

Guillaume est _____ ami de Chloé. _____
 1   2

deux copains sont très sympathiques. Ils sont élèves dans _____
 3

même lycée. _____ cours d'anglais est le mardi et le jeudi.
 4

_____ prof d'anglais, Mademoiselle Ryan, est une prof
 5

excellente. _____ cours de Mademoiselle Ryan sont très
 6

intéressants et _____ élèves de Mademoiselle Ryan sont tous
 7

très forts en anglais!

Le verbe **être** au pluriel

8 **Au lycée** Rewrite each of the following sentences with **ils** or **elles.**

1. Martine et Annie sont françaises.

   _____

2. Jérôme et Marc sont français aussi.

   _____

3. Les deux filles sont élèves dans un lycée à Paris.

   _____

4. Les deux garçons sont élèves dans le même lycée.

   _____

5. Les deux filles et les deux garçons sont très copains.

   _____

6. Les cours sont intéressants.

   _____

7. Les salles de classes sont grandes.

   _____

8. Les professeurs ne sont pas trop stricts.

   _____

9 **Nous, vous et les autres** Complete with a form of **être.**

1. Nous _____ américains. Et vous, vous

_____ américains aussi?

2. Nous _____ de Miami. Et vous, vous

_____ d'où?

3. Nous _____ élèves dans une école à Miami.

4. Les professeurs ne _____ pas trop stricts.

5. Ils _____ sympathiques.

Tu et vous

10 **Tu ou vous?** Here are five people and five sentences. Match each person with a sentence and write that sentence next to the person.

> • Tu es d'accord?   • Vous êtes française?
> • Vous deux, vous êtes d'accord aussi?   • Vous êtes américain?
> • Madame, vous êtes professeur?

1. Madame Legrand

1. _____

_____

2. Michel

2. _____

_____

3. Monsieur Walter

3. _____

_____

4. Charlotte et Éric

4. _____

_____

5. Mademoiselle Brière

5. _____

_____

L'accord des adjectifs au pluriel

11 **Des garçons ou des filles?** Check whether it's two boys or two girls who wrote the following sentences, or if it is impossible to tell.

	G	F	?

1. Nous sommes très peu patientes.

2. Nous sommes américaines.

3. Nous sommes très sociables.

4. Nous sommes assez énergiques!

5. Nous ne sommes pas très grandes.

6. Nous sommes très copains.

7. Nous sommes fortes en maths.

8. Nous sommes mauvais en gymnastique.

12 **En cours** Rewrite the following sentences in the plural.

1. La classe est petite.

_____

2. Le professeur est excellent.

_____

3. L'élève est intelligent.

_____

4. L'école est grande.

_____

13 **Au pluriel** Rewrite the following sentences, making all the nouns and pronouns plural. Make all other necessary changes.

1. Il est blond.

_____

2. Le cours est intéressant.

_____

3. Le frère de Marie est sympathique.

_____

4. Je ne suis pas très patiente.

_____

Un peu plus

A **Quelques termes géographiques** Read the following. Take an educated guess at words you don't know.

Les Pyrénées sont des montagnes. Où sont les Pyrénées? Elles sont entre la France et l'Espagne. Les Pyrénées forment une frontière naturelle entre les deux pays.

D'autres montagnes en France sont les Alpes, le Jura, les Vosges et le Massif Central.

Les fleuves en France sont la Seine, la Loire, le Rhin, le Rhône et la Garonne.

D'autres termes géographiques sont «un océan» (l'océan Atlantique), «une mer» (la mer du Nord et la mer Méditerranée) et «un lac» (le lac Léman à Genève en Suisse).

B **Les frontières de la France** Look at the map in Activity A. Check the countries in the list below that share a boundary with France.

l'Espagne ☐ la Grèce ☐

la Suisse ☐ la Belgique ☐

la Russie ☐ la Pologne ☐

l'Angleterre ☐ l'Allemagne ☐

l'Italie ☐

C **La géographie des États-Unis** What are the following?

1. Les Rocheuses (*Rockies*) _____

2. le Mississippi _____

3. le Pacifique _____

4. le lac Érié _____

Mon autobiographie

Write the name of a good friend. _____

Now tell where your friend is from and where he or she is a student. Give a brief description of him or her **(Il / Elle est...).** Then mention some things you have in common **(Nous sommes...).**

Mon autobiographie

CHAPITRE 3

Nom _____ Date _____

Pendant et après les cours

Vocabulaire   Mots 1

 Légendes Complete the captions for each of the following illustrations.

1. Patrick _____ à l'école

   à huit _____ .

2. Il passe la _____ à l'école.

3. Les élèves _____
   une vidéo.

4. Deux élèves écoutent des

   _____ .

5. Elle _____ la main.

6. Elle _____ une question.

7. Il passe un _____ .

8. Il n'_____ pas les examens.

jouér

9. Pendant la récréation, ils jouent dans la

   _____ .

10. Ils _____ avec les copains.

Vocabulaire Mots 2

2 **À la papeterie** Identify what Chloé needs to buy for school.

1. _____ 2. _____ 3. _____

4. _____ 5. _____ 6. _____

7. _____ 8. _____

3 **Fournitures scolaires** What will you buy for the following classes?

1. le cours de maths

_____

_____

2. le cours de français

_____

_____

3. le cours d'histoire

_____

_____

4 **Qui travaille?** Answer briefly with a word or phrase.

1. Qui travaille après les cours?

   _____

2. Où est-ce qu'il/elle travaille?

   _____

3. Il/Elle travaille combien d'heures par semaine?

   _____

5 **Un dessin** Draw whatever you like by connecting different dots. Then write (in words) the numbers necessary to draw your work of art!

100•	121•	134•	157•	178•	199•	201•	214•
220•	226•	230•	251•	269•	288•	300•	307•
316•	327•	345•	360•	372•	381•	396•	401•
429•	445•	463•	481•	498•	500•	516•	527•
543•	550•	569•	583•	597•	603•	611•	630•
643•	669•	688•	707•	716•	732•	751•	766•
785•	799•	804•	815•	830•	856•	871•	890•
900•	962•	971•	983•	989•	994•	998•	1000•

_____

_____

_____

_____

_____

Nom _____ Date _____

Structure Les verbes réguliers en -**er** au présent

 6 **Tu aimes ou tu n'aimes pas?** Write whether you like or don't like each of the illustrated school subjects.

1.

2.

3.

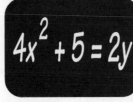
4.

5.

1. _____

2. _____

3. _____

4. _____

5. _____

 7 **Moi** Answer personally in complete sentences.

1. Tu habites dans quelle ville?

_____

2. Tu habites dans une maison ou un appartement?

_____

3. Tu regardes la télévision? Quand?

_____

4. Tu parles au téléphone avec des copains?

_____

5. Tu travailles après les cours?

_____

6. Tu étudies beaucoup à la maison?

_____

8 **Qui parle quelle langue?** Complete each sentence with the correct form of **parler**.

1. Moi, je _____ français et anglais.

2. Tu _____ les deux langues aussi?

3. Mais Juliette, elle ne _____ pas anglais.

4. Quand je _____ à Juliette, je _____ toujours français.

5. Juliette et moi, nous ne _____ pas anglais ensemble.

6. Et quand tu _____ à Fred, qu'est-ce que vous _____?

7. Vous _____ français ou anglais?

8. Nous _____ japonais!

9 **Victor et Sarah** Read the following information about Victor and Sarah. Write a paragraph on what they have in common.

Victor habite à Paris.	Sarah habite à Paris.
Il est au lycée Henri IV.	Elle est au lycée Molière.
Il parle espagnol et allemand.	Elle parle anglais et espagnol.
Il est sympathique.	Elle est dynamique.
Il est timide.	Elle aime parler au téléphone.
Il travaille après les cours.	Elle est très intelligente.
Il étudie beaucoup.	Elle travaille dans une papeterie le soir.
Il aime les maths.	Elle aime écouter des CD.
Il aime regarder des vidéos.	Elle aime la géométrie.
Il parle souvent à des amis au téléphone.	Elle est sympathique.

_____

_____

_____

_____

_____

_____

_____

10 **En classe ou à la maison?** Write where people are more likely to do each of the following activities—in class or at home. Use the pronoun **on.**

    1. passer un examen

_____

    2. écouter un CD

_____

    3. regarder le professeur

_____

    4. parler au téléphone

_____

    5. parler français

_____

La négation des articles définis

 11 **À la papeterie** Write what school supplies Guillaume buys and does not buy according to the illustration.

    Guillaume achète... _____

_____

    Guillaume n'achète pas... _____

_____

Verbe + infinitif

12 **Tu aimes ou tu n'aimes pas?** Write a sentence telling whether you like or don't like to do each of the illustrated activities.

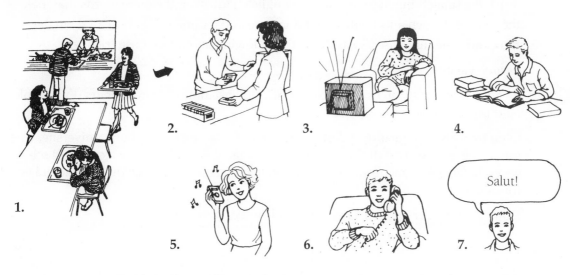

1.
2.
3.
4.
5.
6.
7. Salut!

1. _____

_____

2. _____

_____

3. _____

_____

4. _____

_____

5. _____

_____

6. _____

_____

7. _____

_____

Un peu plus

A **Faux amis** You have seen cognates—words that look the same and mean very much the same thing in French and in English. However, there are words that look the same in French and English, but don't mean the same thing. We call them **des faux amis,** literally, *false friends.* Read the following about two false friends.

Faculty **Faculté**

En anglais, *a faculty,* qu'est-ce que c'est? C'est l'ensemble des professeurs d'une école ou d'une université. Ce sont les enseignants.

Et en français, **une faculté,** qu'est-ce que c'est? C'est une partie d'une université. Une université française est divisée en facultés—la faculté des lettres, la faculté des sciences, la faculté de médecine, etc. Quel est l'équivalent en anglais du mot **faculté** en français?

Do you remember another **faux ami** you learned in this chapter?

_____

_____

B **Devinez!** You do not know the verb **enseigner,** but you may be able to guess its meaning by reading the following.

Un professeur enseigne. Un élève n'enseigne pas, il étudie.

1. If teachers do this, what do you think the word **enseigner** means?

_____

2. Go back to the reading selection in Activity A and find the noun form of this verb.

Un professeur est un _____ .

C **Les langues** As you continue to study French, you will be able to recognize words in other Romance languages. The Romance languages—French, Spanish, Italian, Portuguese, and Romanian—have a great deal in common because they are all derived from Latin. Look at these words in Spanish and Italian. Can you write their French equivalents?

espagnol	italien	français
estudiar	studiare	_____
una escuela	una scuola	_____
el profesor	il professore	_____

Mon autobiographie

Write about your life as a student. Tell some things you do in school each day. Mention things you like to do and things you don't like to do. Then tell some things you do after school. If you have a part-time job, be sure to write about it.

Mon autobiographie

CHAPITRE 4

Nom _____ Date _____

La famille et la maison

Vocabulaire [Mots 1]

1 **La famille Terrier** Complete the sentences based on the family tree.

1. Denis est _____ d'Anne.

2. Sophie est _____ de Pierre.

3. Cécile est _____ de Denis.

4. Laure est _____ de Marc.

5. Guillaume est _____ de Sophie.

6. Pierre est _____ de Jeanne.

7. Denis est _____ de Laure.

8. Marc et Anne sont _____ de Laure.

9. Laure et Jeanne sont _____ de Pierre.

10. Jeanne est _____ de Denis.

11. Sophie est _____ de Denis.

12. Pierre est _____ de Sophie.

13. Anne est _____ de Pierre.

14. Marc est _____ de Jeanne.

2 **La famille X** Look at the following family portrait. Give them names and write a description of this family: who is who, how old each one is, where they live, what nationality they are, where they are students, if they are.

_____

_____

_____

_____

_____

3 **Anniversaires** Give the following dates.

1. l'anniversaire de ta mère _____

2. l'anniversaire de ton frère ou de ta sœur _____

3. l'anniversaire de ton père _____

4. ton anniversaire _____

4 **Toi** Give the following information about yourself.

1. ton nom _____

2. ton âge _____

3. ton adresse _____

4. ton numéro de téléphone _____

5. ton adresse e-mail _____

Nom _____ Date _____

Vocabulaire Mots 2

5 **Une maison** Look at the floor plan of the house. Identify each room.

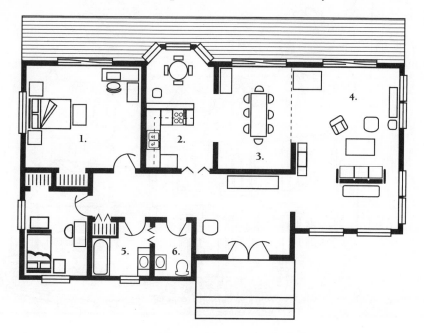

1. _____
2. _____
3. _____
4. _____
5. _____
6. _____

6 **Une maison ou un appartement?** Indicate whether each item is associated more with a house or an apartment.

	une maison	un appartement
1. le garage		
2. le balcon		
3. la terrasse		
4. le jardin		
5. l'ascenseur		
6. le cinquième étage		

La maison des Haddad Answer according to the illustration.

1. La maison est grande ou petite?

_____

2. Elle est à Paris ou dans un village?

_____

3. Elle est près d'une station de métro?

_____

4. La maison a un garage?

_____

5. Qu'est-ce qu'il y a dans le garage?

_____

6. La maison a un jardin?

_____

7. Qu'est-ce qu'il y a dans le jardin?

_____

Structure Avoir au présent

8 **Ta famille** Answer the following questions.

1. Tu as des frères et des sœurs? Combien? Quel est leur nom?

_____

2. Tu as des cousins et des cousines? Combien? Quel est leur nom?

_____

3. Tu as des oncles et des tantes? Combien? Quel est leur nom?

_____

4. Vous avez un chat ou un chien?

_____

5. Vous avez une maison ou un appartement?

_____

6. Il y a un garage?

_____

9 **L'âge** Give the age of each member of your immediate family. Start with yours.

Moi, j'ai _____

_____

_____

_____

_____

_____

Les adjectifs possessifs

10 **Ma famille** Complete each sentence with one of the choices given.

1. J'aime beaucoup ma _____.

   ☐ cousin   ☐ amie   ☐ famille

2. Tu es son _____?

   ☐ copine   ☐ copain   ☐ tante

3. Voilà mes _____.

   ☐ frère   ☐ cousin   ☐ parents

4. Mon _____ est amusant.

   ☐ chien   ☐ fille   ☐ sœur

5. Je ne suis pas son _____!

   ☐ fille   ☐ sœur   ☐ amie

6. Ma _____ est très sympathique.

   ☐ amie   ☐ cousine   ☐ amie

11 **À qui?** Complete the sentences, choosing the correct possessive adjective.

1. (mon / ma / mes) Tu as _____ livre de maths?

2. (notre / nos) C'est _____ maison.

3. (leur / leurs) Voilà _____ enfant.

4. (ton / ta / tes) Où est _____ sac?

5. (votre / vos) Où habitent _____ amis?

6. (son / sa / ses) Quel âge a _____ frère?

12 **Mes cousins** Complete with the appropriate possessive adjectives.

Bonjour, tout le monde! Je m'appelle Samuel David. Guy David est

_____ cousin et Estelle Goldfarb est _____ cousine. Le père de
         1   2

Guy est le frère de _____ père et le père d'Estelle est le frère de
                          3

_____ mère.
     4

Mon cousin Guy a une nouvelle amie. _____ amie s'appelle Léa.
                                               5

_____ parents habitent à Bordeaux. Les parents de qui? De Léa ou de
     6

Guy? Oui, bien sûr, ce n'est pas clair. Les parents de Léa. Guy et _____
                                                                          7

nouvelle amie sont élèves dans le même lycée.

13 **Votre famille** Answer the following questions about yourself and your family.

1. Votre maison ou votre appartement est grand(e) ou petit(e)?

_____

2. Vous avez une voiture? Quelle est la marque de votre voiture? (Ford, Chrysler, etc.)

_____

3. Vous aimez vos voisins?

_____

Les adjectifs **beau, nouveau** et **vieux**

14 **Quelle famille!** Complete with the appropriate forms of **beau**.

La famille Lejard est une très _____ famille. Benoît est un
                                            1

_____ garçon. Sa sœur Aurélie est une _____
          2   3

fille. M. Lejard est un _____ homme. Et sa femme, Mme
                                  4

Lejard, est une _____ femme. Les parents de M. Lejard sont
                          5

_____ aussi. Les cousines de Benoît sont très
          6

_____ aussi. C'est bien simple, dans la famille, ils sont tous
          7

_____!
      8

15 **Tout est très vieux!** Complete with the appropriate forms of **vieux**.

C'est un _____ immeuble, dans un _____
                    1   2

quartier, dans une _____ rue. Il a un _____
                              3   4

escalier. Autour, il y a des _____ arbres.
                                        5

16 **Tout nouveau pour l'école!** Complete with the appropriate forms of **nouveau**.

Jérôme a un _____ cahier, une _____ règle,
                        1   2

des _____ crayons, et des _____ cassettes.
            3   4

Et il a même... une _____ école!
                              5

Un peu plus

 A **Les Antillais** Read the following. Guess the words you don't know.

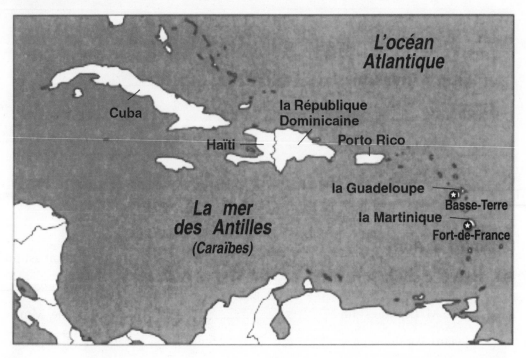

La Martinique est une île des Antilles dans la mer des Caraïbes. Les habitants de la Martinique sont les Martiniquais. Les Martiniquais parlent français parce que la Martinique est un département français d'outre-mer (un D.O.M.). À la Martinique, il y a beaucoup d'influence française, et aussi beaucoup d'influence africaine.

Il y a des Martiniquais qui habitent en France. Il y a aussi des Guadeloupéens, de la Guadeloupe, une autre île des Antilles. La Guadeloupe est aussi un département français d'outre-mer.

En Haïti, pays voisin de la Martinique et de la Guadeloupe, on parle français. C'est pourquoi il y a de nombreuses personnes d'origine haïtienne en France.

On appelle les Martiniquais, les Guadeloupéens et les Haïtiens des Antillais.

B **Les Maghrébins** Read the following. Take an educated guess at words you don't know.

En France, une partie de la population est d'origine immigrée. Une grande partie de ces gens sont des Maghrébins, des gens qui viennent du Maghreb. Le Maghreb, c'est le nom arabe de la région dans le nord-ouest de l'Afrique, située entre la mer Méditerranée et le désert du Sahara. Le Maghreb, c'est l'Algérie, la Tunisie et le Maroc.

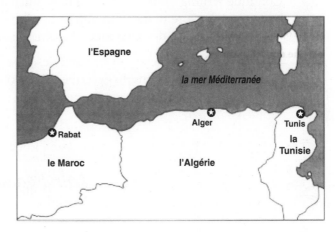

C **Trouvez le mot.** Find a word in the readings related to each of the following.

1. la Martinique _____ 4. les Antilles _____

2. l'Afrique _____ 5. la Guadeloupe _____

3. habiter _____ 6. Haïti _____

D **Des mots apparentés** Find seven cognates in the readings.

1. _____ 5. _____

2. _____ 6. _____

3. _____ 7. _____

4. _____

E **Répondez.** Answer the following questions.

1. Qu'est-ce que la Martinique?

_____

2. Où sont la Martinique et la Guadeloupe?

_____

3. Où est le Maghreb?

_____

_____

4. Quels sont les trois pays du Maghreb?

_____

Mon autobiographie

Continue writing your life story. Tell as much about your family as you can. If you have a pet, be sure to mention him or her. Give the names and ages of each member of your family and describe each of them. Also tell where each person lives.

Then write about where you live and describe your house or apartment. Be sure to include your address and to describe each room.

Mon autobiographie

Self-Test 1

Nom _____ Date _____

1 Complete each sentence with an appropriate word.

1. Joëlle n'est pas américaine. Elle est _____.

2. Bernard n'est pas blond. Il est _____.

3. La fille n'est pas petite. Elle est assez _____.

4. Une école secondaire française est _____.

5. Carole est la sœur de Philippe et Philippe est _____ de Carole.

6. Philippe et Vincent sont amis. Ils sont _____.

2 Complete according to the illustrations.

 1. Serge _____ la télé.

 2. Valentine _____ des cassettes.

 3. Les élèves _____ un examen.

 4. Mon frère _____ au téléphone.

 5. Ils _____ avec les copains.

Workbook
Copyright © Glencoe/McGraw-Hill

Bon voyage! Level 1, Self-Test 1 ⚜ **39**

3 Complete with an appropriate word.

1. Mes parents sont ma _____ et mon

   _____ .

2. Les parents de mes parents sont mes _____ .

3. La sœur de mon père est ma _____ .

4. Le frère de ma mère est mon _____ .

5. Les enfants de mon oncle et ma tante sont mes _____ et mes

   _____ .

4 Identify each room of the apartment.

1. _____

2. _____

3. _____

4. _____

5. _____

5 Complete the two sentences about each person or pair. Use the correct form of **améri-cain** in the first sentence and the correct form of **sympathique** in the second sentence.

1. Marie est _____ .

   Marie est _____ .

2. Pierre est _____ .

   Pierre est _____ .

3. Marie et Anne sont _____ .

   Marie et Anne sont _____ .

4. Pierre et Paul sont _____ .

   Pierre et Paul sont _____ .

6 Complete with **le, la, l'**, or **les**.

1. _____ garçon est blond.

2. Et _____ fille est brune.

3. Loïc est _____ frère de Magali.

4. Magali est _____ amie de Vincent.

5. _____ deux amis sont très intelligents et sympathiques.

7 Complete with **un, une**, or **des**.

1–5. J'achète _____ fournitures scolaires, _____ cahier,
          $\quad$ 1 $\qquad\qquad\qquad\qquad\qquad$ 2

_____ gomme, _____ calculatrice et _____
          $\quad$ 3 $\qquad\qquad\qquad$ 4 $\qquad\qquad\qquad\qquad\qquad$ 5

magazines... Oh pardon! Ce n'est pas une fourniture scolaire!

8 Complete each sentence with the correct form of **être**.

1. Je _____ une amie de Camille.

2. Elle _____ très sympa.

3. Nous_____ élèves dans le même lycée.

4. Tu _____ français(e) ou américain(e)?

5. Vous _____ de New York?

6. Tes copains _____ sympathiques?

9 Complete each sentence with the correct form of **avoir**.

1. J'_____ deux frères.

2. Ils _____ treize et seize ans.

3. Mon copain Michel _____ deux sœurs.

4. Elles _____ treize et seize ans aussi. Alors....

5. Et toi, tu _____ des frères et sœurs?

6. Vous _____ un animal?

7. Nous, nous _____ un iguane.

Workbook
Copyright © Glencoe/McGraw-Hill

Bon voyage! Level 1, Self-Test 1 ⚜ **41**

10 Complete each sentence with the correct form of the indicated verb.

1. Charles _____ à l'école. (arriver)

2. Les élèves _____ dans la cour. (jouer)

3. Le professeur _____ à un autre professeur. (parler)

4. On _____. (arriver)

5. Vous _____ vos cours? (aimer)

6. Nous, nous _____ tout le monde! (inviter)

11 Choose the correct answer.

1. Où est la Martinique?

   a. Dans la mer Méditerranée.
   b. Dans la mer des Antilles.
   c. Dans l'océan Atlantique.

2. Qu'est-ce qu'un collège en France?

   a. Une école primaire.
   b. Une université.
   c. Une école secondaire.

3. Les lycéens quittent le lycée à quelle heure?

   a. À deux heures.
   b. À trois heures.
   c. À cinq heures.

4. Où sont les H.L.M.?

   a. Au centre-ville.
   b. À l'extérieur des villes.
   c. En Afrique.

Answers appear on pages 153–154.

CHAPITRE 5

Nom _____ Date _____

Au café et au restaurant

Vocabulaire Mots 1

1 **Oui ou non?** Indicate whether the statement makes sense or not.

	oui	non
1. Un serveur travaille dans un café ou un restaurant.		
2. Les clients trouvent une table occupée.		
3. Le serveur demande la carte.		
4. Le serveur donne la carte aux clients.		
5. Le client dit, «Vous désirez?»		
6. Paul a soif. Il commande une crêpe.		
7. Farida a faim. Elle commande une limonade.		
8. Je voudrais quelque chose à manger. Je voudrais un citron pressé.		

2 **Corrections** Correct the statements from Activity 1 that do not make sense.

1. _____

2. _____

3. _____

4. _____

5. _____

6. _____

   _____

7. _____

   _____

8. _____

   _____

3 **Au café** Write as many sentences about the illustration as you can.

_____

_____

_____

_____

_____

_____

_____

_____

_____

_____

_____

Vocabulaire

4 **Le couvert** Write the names of the utensils and dishes you would need if you ordered the following things in a café.

1. une omelette

_____

2. un café au lait

_____

3. un steak frites

_____

4. un citron pressé

_____

5. une crêpe au chocolat

_____

5 **Au restaurant** Complete with an appropriate word.

1. La _____ couvre la table.

2. La _____, c'est pour le café, et le _____, c'est pour le coca.

3. Il n'est pas _____. Il est avec des copains.

4. Le contraire d'un steak saignant est un steak _____ cuit.

5. Au restaurant, chacun _____ pour soi.

6 **Vrai ou faux?** Indicate whether each statement is true or false.

	vrai	faux

1. Dans les restaurants en France, le service est compris.

2. Le serveur donne un pourboire au client.

3. Le client laisse un pourboire pour le serveur.

4. On déjeune le soir.

5. La serviette couvre la table.

7 **Corrections** Correct the false statements from Activity 6.

1. _____

2. _____

3. _____

4. _____

5. _____

Structure Le verbe **aller** au présent

8 **Ils vont où?** Write sentences using the verb **aller** and the cues below.

1. Sophie/au café _____

2. Serge/à la fête _____

3. Ils/au théâtre _____

4. Mes parents/au restaurant _____

_____

5. Les élèves/au cours de français _____

_____

6. Marc/à l'école _____

9 **Après les cours** Complete the following conversation with the correct form of **aller.**

Jacques: Vous _____ à la fête de Valérie ce soir?
          ₁

Marie: Oui, on y _____. Et toi, tu n'y
          ₂

_____ pas?
          ₃

Jacques: Bien sûr que j'y _____. Tout le monde à
          ₄

l'école y _____! Mais c'est vendredi. Vous
          ₅

n' _____ pas au cinéma?
          ₆

Marie: C'est vrai, on _____ souvent au cinéma le
          ₇

vendredi. Mais ce soir, nous _____ à la fête!
          ₈

10 **Ça va?** Fill in with a form of **aller.**

M. Bonenfant: Bonjour, madame. Comment _____-vous?
               ₁

Mme Éluard: Bonjour, monsieur. Je _____ très bien, merci.
             ₂

M. Bonenfant: Et toi, mon petit Michel. Comment ça _____?
               ₃

Michel Éluard: Bien, merci, monsieur.

11 **Toi** Give personal answers.

  1. Tu vas à l'école le dimanche?

  _____

  2. Tu vas souvent à des fêtes avec des amis? Quand?

  _____

  3. Tu vas quelquefois au restaurant avec ta famille? Quand?

  _____

  4. Tu vas souvent au restaurant avec des copains?

  _____

  5. Tu vas au centre-ville à pied, en voiture ou en métro?

  _____

Aller + infinitif

12 **Qu'est-ce que tu vas faire?** Write sentences according to the model.

  Tu ne manges pas?
  Pas maintenant. Je vais manger (à sept heures).

  1. Tu ne déjeunes pas?

  _____

  2. Il n'étudie pas?

  _____

  3. Vous n'allez pas au café?

  _____

  4. Elles ne passent pas d'examen?

  _____

  5. Tu ne commandes pas?

  _____

13 **Qu'est-ce que tu vas faire?** Write three things you are going to do in the near future.

1. _____

2. _____

3. _____

Now write three things you are not going to do.

4. _____

5. _____

6. _____

Les contractions avec à et de

14 **On va où?** Complete each sentence.

1. En France, un garçon de treize ans va _____ collège.

2. Et une fille qui a seize ans va _____ lycée.

3. Aux États-Unis, un garçon qui a sept ans va _____école primaire.

4. Une fille qui a seize ans va _____école secondaire.

5. Les élèves parlent _____ professeurs et les professeurs

   parlent _____ élèves.

6. Après les cours, les élèves français vont _____ café.

7. Au café, ils parlent _____ copains.

8. Le service est compris, mais ils laissent un pourboire _____

   serveur ou _____ serveuse!

15 **Au déjeuner** Complete the names of these dishes you have for lunch.

1. une soupe _____oignon

2. un sandwich _____ jambon

3. un sandwich _____ fromage

4. une omelette _____ fines herbes

5. une glace _____ vanille

6. une glace _____ chocolat

   ...Et une indigestion!!!

16 **On va où?** Write sentences according to the model.

l'école/le restaurant
Je rentre de l'école et je vais au restaurant.

1. le lycée/le magasin

_____

2. l'école/le café

_____

3. le collège/la papeterie

_____

4. le magasin/la fête de Dominique

_____

5. le café/la maison

_____

Le verbe **prendre**

17 **Prendre ou ne pas prendre** Complete with the correct forms of the verb **prendre**.

Ludovic:	Qu'est-ce que tu _____ ? 1
Aurélien:	Oh, je _____ une crêpe. Et toi? 2
Ludovic:	Moi, je _____ un grand coca. J'ai une soif! 3
Aurélien:	On _____ deux crêpes? 4
Ludovic:	Non, je n'ai pas faim.
	(Un peu plus tard)
Serveur:	Bonjour, messieurs. Qu'est-ce que vous _____ ? 5
Ludovic:	Alors, nous _____ .... une crêpe pour mon ami. 6
	Et moi, je _____ un sandwich au jambon, une 7
	crêpe et un grand coca.
Serveur:	Vous ne _____ pas de boisson, monsieur? 8
Aurélien:	Non, merci... Dis donc, Ludovic! T'as pas faim, c'est ça?

Un peu plus

 Majuscules ou minuscules? Read the following.

- Il y a des lettres minuscules: **a, f,** et des lettres majuscules: **A, F.**

- En anglais, un nom de nationalité et un adjectif de nationalité commencent par une lettre majuscule. En français, le nom de nationalité commence par une majuscule mais l'adjectif commence par une minuscule. Par exemple:

En anglais	**En français**
The Americans and the French have dinner at different times.	Les Américains et les Français dînent à des heures différentes.
Fred is an American student.	Fred est un élève américain.
Amélie is a French student.	Amélie est une élève française.

- Les noms de langue commencent toujours par une lettre majuscule en anglais, mais par une minuscule en français.

Americans speak English.	Les Américains parlent anglais.
The French speak French.	Les Français parlent français.

 Trouvez les fautes. Be a copy editor. Correct the errors in the following sentences.

1. Les français dînent entre sept et neuf heures.

_____

2. Les français parlent français.

_____

3. Il y a beaucoup de restaurants Français à New York.

_____

4. Les américains aiment manger dans les restaurants français.

_____

Qu'est-ce que vous préférez? A French magazine recently surveyed people about their favorite foods.

1. Read the question in the chart and study the results. You may need the following words: le gigot *lamb*, le canard *duck*, le pot-au-feu *beef stew*, la choucroute *sauerkraut*, les pâtes *pasta*.

CONSENSUS AUTOUR DU GIGOT

Question: **D'une manière générale, pouvez-vous m'indiquer, parmi ces différents plats, les deux ou trois que vous préférez?**			RANG.
	– Le gigot	**46**	1
	– La sole meunière	40	2
	– Le steak frites	33	3
	– Les salades mélangées	32	4
	– Le canard à l'orange	26	5
	– Le pot-au-feu	25	6
	– La choucroute	23	7
	– Les pâtes fraîches	21	8

2. Now answer the question and fill in the results for your class on the chart below.

_____

_____

_____

_____

_____

CONSENSUS AUTOUR DU GIGOT

Question: **D'une manière générale, pouvez-vous m'indiquer, parmi ces différents plats, les deux ou trois que vous préférez?**			RANG.
	– Le gigot		
	– La sole meunière		
	– Le steak frites		
	– Les salades mélangées		
	– Le canard à l'orange		
	– Le pot-au-feu		
	– La choucroute		
	– Les pâtes fraîches		

L'âge You can now guess any person's age with the following charts. Just follow the directions.

Avec les sept tableaux suivants, il est possible de deviner l'âge d'une personne. Comment? C'est très simple: Demandez à la personne d'indiquer le numéro du ou des tableaux où apparaît son âge.

Ensuite, additionnez les nombres placés en haut et à gauche.

Par exemple, si la personne a 18 ans, elle va indiquer les tableaux #1 et 7. Vous additionnez 2 + 16 et vous avez 18!

2	38	74
3	39	75
6	42	78
7	43	79
10	46	82
11	47	83
14	50	86
15	51	87
18	54	90
19	55	91
22	58	94
23	59	95
26	62	98
27	63	99
30	66	102
31	67	103
34	70	106
35	71	107

1

1	37	73
3	39	75
5	41	77
7	43	79
9	45	81
11	47	83
13	49	85
15	51	87
17	53	89
19	55	91
21	57	93
23	59	95
25	61	97
27	63	99
29	65	101
31	67	103
33	69	105
35	71	107

2

64	82	100
65	83	101
66	84	102
67	85	103
68	86	104
69	87	105
70	88	106
71	89	107
72	90	
73	91	
74	92	
75	93	
76	94	
77	95	
78	96	
79	97	
80	98	
81	99	

3

4	38	76
5	39	77
6	44	78
7	45	79
12	46	84
13	47	85
14	52	86
15	53	87
20	54	92
21	55	93
22	60	94
23	61	95
28	62	100
29	63	101
30	68	102
31	69	103
36	70	
37	71	

4

8	42	76
9	43	77
10	44	78
11	45	79
12	46	88
13	47	89
14	56	90
15	57	91
24	58	92
25	59	93
26	60	94
27	61	95
28	62	104
29	63	105
30	72	106
31	73	107
40	74	
41	75	

5

32	49	98
33	50	99
34	51	100
35	52	101
36	53	102
37	54	103
38	55	104
39	56	105
40	57	106
41	58	107
42	59	
43	60	
44	61	
45	62	
46	63	
47	96	
48	97	

6

16	49	82
17	50	83
18	51	84
19	52	85
20	53	86
21	54	87
22	55	88
23	56	89
24	57	90
25	58	91
26	59	92
27	60	93
28	61	94
29	62	95
30	63	
31	80	
48	81	

7

Mon autobiographie

Tell whether or not you like to eat in a restaurant. If you do, tell which restaurant(s) you go to. Give a description of a dinner out.

You know quite a few words for foods in French. In your autobiography, write about which foods you like and don't like. Keep your list and compare your likes and dislikes at the end of this year. You may find that your tastes have changed!

Mon autobiographie

CHAPITRE 6

La nourriture et les courses

Vocabulaire Mots 1

1 **Qu'est-ce que c'est?** Identify each item of food.

1. _____ 2. _____ 3. _____

4. _____ 5. _____ 6. _____

2 **À la boulangerie** Write as many sentences as you can about the illustration.

M. Cabet

Mme Lupin

_____

_____

_____

_____

Nom _____ Date _____

3 **Il va où?** Here is Monsieur Poirot's list. Write which stores he is going to.

1. œufs et yaourts
2. saucisson
3. bœuf et poulet
4. crevettes
5. croissants et
   une tarte

1. Il va à _____.

2. Il va à _____.

3. Il va à _____.

4. Il va à _____.

5. Il va à _____.

Vocabulaire   Mots 2

4 **Combien?** Write the appropriate quantities, based on the illustrations.

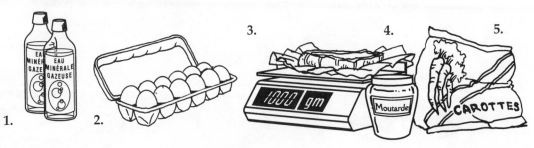

1. deux _____ d'eau minérale

2. une _____ d'œufs

3. un _____ de bœuf

4. un _____ de moutarde

5. un _____ de carottes surgelées

6. une _____ de beurre

7. une _____ de conserve

5 **À l'épicerie** Complete the following cartoon.

6 **Catégories** Identify each item as **de la viande, du poisson, des légumes,** or **des fruits.**

1. des oignons _____

2. des bananes _____

3. du porc _____

4. du saucisson _____

5. des haricots verts _____

6. des asperges _____

Structure Le verbe **faire** au présent

7 **Qu'est-ce que tu fais?** Complete with the correct form of the verb **faire**.

—Qu'est-ce que tu _____, là?

—Je vais chercher Sophie. On va _____ les courses.

—Vous _____ souvent les courses?

—Mon cher ami, nous _____ les courses tous les samedis.

—C'est bien ça. Tu aimes _____ les courses, alors.

—Moi? Pas du tout. Mais je _____ les courses parce que j'aime manger.

8 **À l'école** Give personal answers. Use complete sentences.

1. Qu'est-ce que tu fais comme langues? Du français? De l'espagnol?

_____

2. Et tes copains, qu'est-ce qu'ils font comme langue(s)?

_____

3. Qu'est-ce que vous faites en maths? De l'algèbre? De la géométrie? De la trigonométrie?

_____

Le partitif et l'article défini

9 **Quel article?** Complete with the correct articles.

	J'aime...	J'achète...
fromage	_____	_____
agneau	_____	_____
crevettes	_____	_____
lait	_____	_____
limonade	_____	_____
légumes	_____	_____

Nom _____ Date _____

10 **Qu'est-ce que tu aimes?** Complete each sentence with the appropriate word.

1. —Tu aimes _____ légumes?

   —J'adore _____ légumes!

   —Tu achètes quoi comme légumes?

   —Oh, j'achète _____ carottes, _____ épinards,

   _____ haricots verts.

   —Moi, je mange _____ légumes à tous _____ repas.

   —Moi aussi.

2. —Tu aimes _____ jambon?

   —Oui. Pourquoi?

   —Je vais faire _____ sandwichs. J'ai aussi _____ saucisson.

   —Pas pour moi. Je déteste _____ saucisson.

   —C'est vrai? Tu n'aimes pas _____ saucisson! Moi, j'adore

   _____ saucisson. Avec du pain et _____ beurre, miam, miam!!

Le partitif au négatif

11 **On fait la cuisine.** Complete the following with an appropriate word.

1. On a _____ œufs, mais on n'a pas _____ lait.

2. On a _____ tomates, mais on n'a pas _____ oignons.

3. On a _____ sel, mais on n'a pas _____ poivre.

4. On a _____ huile, mais on n'a pas _____ vinaigre.

5. Elle veut _____ sandwich au jambon, mais on n'a pas _____
   pain.

6. Tu veux manger _____ poulet, mais on n'a pas _____ poulet!

12 **Non merci!** Complete each sentence with the appropriate word.

	Je n'aime pas...	Je n'achète pas...
fromage	_____	_____
agneau	_____	_____
crevettes	_____	_____
lait	_____	_____
limonade	_____	_____
légumes	_____	_____

13 **Ma famille** Give personal answers. Use complete sentences.

1. Tu as des frères? Combien?

   _____

2. Tu as des sœurs? Combien?

   _____

3. Tu as des cousins? Combien?

   _____

4. Tu as des cousines? Combien?

   _____

5. Tu as des oncles? Combien?

   _____

6. Tu as des tantes? Combien?

   _____

7. Tu as un chien ou un chat?

   _____

Les verbes **pouvoir** et **vouloir**

14 Vouloir, c'est pouvoir. Complete with the indicated verb.

—Tu _____ faire le dîner? (pouvoir)
       1

—Ah, je regrette, mais je ne _____ pas. À la télé, il y a... (pouvoir)
                                          2

—Si je comprends bien, tu ne _____ pas faire le dîner, parce
                                            3

que tu _____ regarder la télé. (pouvoir, vouloir)
              4

—Euh...oui.

—Eh bien, moi, je ne _____ pas faire le dîner, parce que
                               5

Corinne et moi, on _____ aller acheter des cassettes.
                              6
(pouvoir, vouloir)

—Vous _____ acheter des cassettes? (vouloir)
             7

—Oui, monsieur. Alors tu _____ manger ce qu'il y a dans le
                                       8
frigo. (pouvoir)

15 Au pluriel Rewrite each sentence in the plural.

1. Je peux faire les courses.

_____

2. Il veut inviter des amis.

_____

3. Tu veux aller au cinéma?

_____

Les adjectifs avec une double consonnne

16 Au restaurant Rewrite each sentence using the word in parentheses.

1. C'est un bon sandwich. (une salade)

_____

2. C'est un restaurant canadien. (une spécialité)

_____

3. Quel repas? (cuisine)

_____

4. Le serveur est très gentil. (La serveuse)

_____

Un peu plus

 À la ou chez le Read the following.

When speaking English, you can say either *at the baker's* or *at the bakery*. The same option exists in French. Note that one expression puts the emphasis on the merchant and the other on the store. In French, you can say: **chez le boulanger** or **à la boulangerie**.

Le magasin	Le marchand
Je vais à la boulangerie.	Je vais chez le boulanger.
Je vais à la pâtisserie.	Je vais chez le pâtissier.
Je vais à la boucherie.	Je vais chez le boucher.
Je vais à la charcuterie.	Je vais chez le charcutier.
Je vais à l'épicerie.	Je vais chez l'épicier.
Je vais à la crémerie.	Je vais chez le crémier.

 Où vas-tu? Rewrite each sentence that tells where you are going, using the preposition in parentheses.

1. Je vais à la boulangerie. (chez)

   _____

2. Je vais chez le boucher. (à)

   _____

3. Je vais à la charcuterie. (chez)

   _____

4. Je vais chez le pâtissier. (à)

   _____

5. Je vais à l'épicerie. (chez)

   _____

6. Je vais chez le crémier. (à)

   _____

Combien de personnes? Now look at the menu and then answer the following questions in English.

1. Is it a menu for a restaurant or for a catering service?

_____

2. What's the name of the place and where is it located?

_____

3. What do you think "Papillon de l'Océan" is?

_____

4. What do you think a "framboisier" is?

_____

5. How much in advance do you have to call?

_____

Mon autobiographie

Continue the list of foods you like and dislike that you started in **Chapitre 5.** Add the names of foods you learned in this chapter.

Then tell whether or not you like to shop for food. What foods do you buy? Tell where you shop and when. If you never do, tell who does the grocery shopping in the family and tell what you know about his or her shopping habits.

Mon autobiographie

CHAPITRE 7

Nom _____ Date _____

Les vêtements

Vocabulaire Mots 1

1 **Les vêtements** Identify each item of clothing.

1. _____ 2. _____ 3. _____

4. _____ 5. _____ 6. _____

7. _____ 8. _____

2 **Dans une boutique** Give answers based on the illustration.

1. Qu'est-ce qu'il y a dans la boutique?

   _____

2. Qu'est-ce que le client regarde?

   _____

3. Quel est le prix du pantalon?

   _____

4. Le pantalon est cher ou pas cher?

   _____

5. D'après vous, le client va acheter le pantalon?

   _____

3 **Homme ou femme?** Indicate whether each item of clothing is for a man, for a woman, or for either.

	Homme	Femme	Les deux
1. un blouson			
2. un chemisier			
3. un pantalon			
4. une jupe plissée			
5. une robe			
6. une chemise blanche			
7. un tailleur			

Nom _____ Date _____

Vocabulaire Mots 2

4 **Ça va ou ça ne va pas?** Give answers based on the illustration.

1. Le pantalon est trop large ou trop serré?

_____

2. Et les chaussures, elles sont trop grandes ou trop petites?

_____

3. Le chemisier est à manches longues ou à manches courtes?

_____

4. D'après vous, la fille va acheter les chaussures? Et le pantalon? Et le chemisier?

_____

_____

5 **Le contraire** Match each word in the left-hand column with its opposite in the right-hand column.

1. _____ large   **a.** au-dessous

2. _____ long   **b.** noir

3. _____ sport   **c.** serré

4. _____ au-dessus   **d.** plus cher

5. _____ blanc   **e.** habillé

6. _____ moins cher   **f.** court

Workbook
Copyright © Glencoe/McGraw-Hill

Bon voyage! Level 1, Chapitre 7 ❖ **67**

6 **Mes vêtements favoris** Describe your favorite outfit, including each item of clothing and its color.

_____

_____

_____

_____

_____

_____

7 **Ma couleur favorite** Give your favorite color for the following items. Note that when a color is used as a noun, it is masculine: **le bleu, le rouge**, etc.

Ma couleur favorite pour _____ est le _____ .

1. un blouson

_____

2. un pantalon

_____

3. des chaussures

_____

4. un pull

_____

5. un anorak

_____

6. un manteau

_____

7. un survêtement

_____

8. une casquette

_____

Structure Le verbe **mettre**

8 **Qu'est-ce que tu mets?** Answer using a form of **mettre**.

1. Qu'est-ce que tu mets pour aller à l'école?

   _____

2. Qu'est-ce que vous mettez tous pour faire de la gymnastique?

   _____

3. Qu'est-ce que tes parents mettent pour aller au travail?

   _____

   _____

4. Qu'est-ce que tes copains et copines mettent pour aller à une fête?

   _____

   _____

5. Là où tu habites, qu'est-ce qu'on met au mois de juillet?

   _____

6. Et qu'est-ce qu'on met au mois de janvier?

   _____

Des adjectifs

9 **Deux formes différentes** Rewrite each sentence using the indicated words.

1. Ma *jupe* est trop longue. (pantalon)

   _____

2. C'est mon *pull* favori. (robe)

   _____

3. Où sont mes *shorts* blancs? (chaussettes)

   _____

4. Mon *frère* est très sérieux. (sœur)

   _____

5. Le *blouson* est moins cher. (chemise)

   _____

Nom _____ Date _____

Le comparatif des adjectifs

Comparaisons Write a sentence comparing the people in each drawing. Use the adjective in parentheses.

Fred   Jeanne

1. (grand)

_____

Sophie   Marine

2. (élégant)

_____

_____

Jeanne   Marie

3. (timide)

_____

11 **Plus que qui?** Rewrite the sentences, replacing the italicized word(s) with one pronoun.

1. Il est plus intelligent que *son frère*.

_____

2. Je suis moins timide que *ma sœur*.

_____

3. Il est plus grand que *ses parents*.

_____

4. Il est plus sympathique que *ses cousines*.

_____

5. Elle est plus forte en maths que *toi et moi*.

_____

6. Elles sont plus patientes que *toi et ton frère*.

_____

Les verbes **voir** et **croire**

12 **Proverbe anglais** Write sentences using **voir** and **croire**. Follow the model.

On croit ce qu'on voit.

1. Nous _____

2. Il _____

3. Tu _____

4. Vous _____

5. Je _____

Le verbe **payer**

13 **Il faut payer.** Fill in the blanks with a form of the verb **payer**.

1. Qui _____?

2. Tu _____?

3. Ils ne _____ pas.

4. Nous _____ immédiatement.

5. Vous _____ à la caisse, monsieur!

Un peu plus

A **Deux proverbes** Read the following French proverbs.

1. **L'habit ne fait pas le moine.**   habit *vêtements*   moine *monk*

   In English explain the meaning of this proverb and find its English equivalent.

   _____

2. **Des goûts et des couleurs,**   goûts *tastes*
   il ne faut pas discuter.

   Do the same for this proverb.

   _____

B **Quelles tailles?** One day, while in France, you may want to buy a present for some members of your family or friends. It would be nice to know what their various sizes are. Fill out the chart below, using the material on the next page.

NOM	Vêtements	Gants

Hommes	Vêtements							
(Mensurations en centimètres)								
Poitrine	85/88	89/92	93/96	97/100	101/104	105/108	109/112	113/116
Ceinture	72	76/80	80/84		88	92	96	100
Hanches	89/91	92/95	96/100		101/103	104/106	107/109	110/112
Pantalon : taille	36	38/40	40/42		44	45	48	50
Veste : taille	44	46/48	48/50		52	54	56	58
ou	XS	S	M		L	XL	XXL	

Dames	Vêtements						
(Mensurations en centimètres)							
Poitrine	78/82	82/86	86/90	90/94	94/98	98/102	102/106
Ceinture	56/60	60/64	64/68	68/72	72/76	76/80	80/84
Hanches	84/88	88/92	92/96	96/100	100/104	104/108	108/112
Pantalon : taille	34	36	38	40	42	44	46
Veste : taille	34	36	38	40	42	44	46
ou	0	1	2	3	4	5	
ou	XXS	XS	S	M	L	XL	

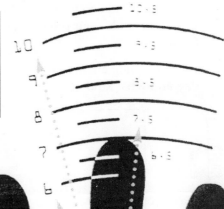

Positionner votre main ici

Lecture directe de votre taille

Mon autobiographie

Some people love to shop for clothes and others don't. Write about yourself. If you like to shop for clothes, tell about your shopping habits. What kind of stores do you go to, etc.? If you don't like shopping, tell why not.

Tell what kinds of clothes you like and you don't like. For example, if you're a boy you may not like to wear a tie, and if you're a girl, you may not like dresses. You may want to include your present sizes for certain articles of clothing. Describe your favorite outfit.

Tell something about your family, too. Tell when some family members have a birthday and what kind of clothing you might buy them as a birthday present.

Mon autobiographie

1 Make a list of four things to drink.

1. _____
2. _____
3. _____
4. _____

2 Make a list of four things you like to eat.

1. _____
2. _____
3. _____
4. _____

3 Complete each sentence with an appropriate word.

1. Après les cours, les copains ont _____ ou soif.

2. Ils vont au _____.

3. Ils regardent la _____ et ils commandent quelque chose.

4. Un _____ travaille dans un café ou dans un restaurant.

5. Ils veulent payer. Ils demandent l'_____.

4 Identify the item in each illustration.

1. _____ 2. _____ 3. _____

4. _____ 5. _____ 6. _____

7. _____ 8. _____ 9. _____

Workbook
Copyright © Glencoe/McGraw-Hill

Bon voyage! Level 1, Self-Test 2 ⚜ **75**

5 Complete with the correct form of the verb in parentheses.

1. Je _____ au café. (aller)

2. Tous mes amis _____ au même café. (aller)

3. Je _____ un café. (prendre)

4. Et vous, qu'est-ce que vous _____? (prendre)

5. Qu'est-ce que vous _____ maintenant? (faire)

6. Qu'est-ce que vous _____ faire demain? (vouloir)

7. Je _____ aller au restaurant. (vouloir)

8. Tu _____ téléphoner pour réserver une table? (pouvoir)

9. Vous _____ trop de beurre sur votre pain. (mettre)

10. Vous _____ que ça va? (croire)

11. Tu _____ qu'on peut entrer? (croire)

12. Qu'est-ce que vous _____? (voir)

6 Complete with **à** + a definite article.

1. Je suis _____ café.

2. Elle va _____ boulangerie.

3. Il ne va pas _____école.

4. Le professeur parle _____ élèves de sa classe.

7 Complete with **de** + a definite article.

1. Il rentre _____école à 5 h.

2. C'est la maison _____ famille Castel.

3. Paul est le fils _____ professeur de musique.

4. La Martinique est dans la mer _____ Antilles.

8 Complete with the appropriate word.

1. Benoît va au marché. Il achète _____ fromage.

2. Il aime _____ fromage.

3. Benoît n'achète pas _____ bananes.

4. Il n'aime pas _____ bananes.

5. Mais il achète _____ poires.

9 Write a sentence comparing the two people in each item. Use the information as a guide.

1. Camille est très sympathique. Arnaud est assez sympathique.

_____

_____

2. Valérie est intelligente. Caroline est intelligente aussi.

_____

_____

3. Joël est sérieux. Lucie n'est pas très sérieuse.

_____

_____

4. Mes amis sont amusants. Tes amis sont amusants aussi.

_____

_____

10 Rewrite each sentence replacing the italicized word(s) with a pronoun.

1. Je suis plus sociable que *mes parents*.

_____

2. Je suis moins jolie que *mes sœurs*.

_____

3. Il est plus sympathique que *son frère*.

_____

4. Elle est plus gentille que *sa cousine*.

_____

Workbook
Copyright © Glencoe/McGraw-Hill

Bon voyage! Level 1, Self-Test 2 ⚜ **77**

11 Complete each sentence with the correct form of the adjective in parentheses.

    1. Ta prof de français est _____? (gentil)

    2. J'ai des amies _____. (vietnamien)

    3. Tu préfères _____ pantalon? (quel)

    4. Ils ne sont pas américains. Ils sont _____. (canadien)

    5. Elle n'est pas _____, ma soupe? (bon)

12 Choose the correct answer.

    1. Tu vas faire les courses?
        a. Oui, je vais au café.
        b. Oui, je vais au marché.
        c. Oui, je vais au lycée.

    2. Tu veux prendre quelque chose à boire?
        a. Oui, un coca.
        b. Oui, une omelette.
        c. Oui, un pull.

    3. Tu as faim?
        a. Oui, je vais mettre quelque chose.
        b. Oui, je vais faire quelque chose.
        c. Oui, je vais prendre quelque chose.

    4. Où est-ce que tu achètes tes vêtements?
        a. À la crémerie.
        b. Chez le marchand de légumes.
        c. Au centre commercial.

    5. Tu aimes le jaune?
        a. Oui, bien cuit.
        b. Oui, quand il y a des soldes.
        c. Oui, c'est très joli avec du gris.

Answers appear on pages 154–155.

CHAPITRE 8

L'aéroport et l'avion

Vocabulaire **Mots 1**

1 **À l'aéroport** Identify each illustration.

1. _____ 2. _____ 3. _____

4. _____ 5. _____ 6. _____

2 **Quel est le mot?** Write another word or expression for each phrase below.

1. un vol qui arrive de Paris _____

2. un vol qui va à Paris _____

3. un vol qui commence et finit dans le même pays _____

4. un vol qui commence dans un pays et finit dans un autre pays

_____

3 **Moi** Give personal answers.

1. Tu prends souvent l'avion?

_____

2. Tu fais enregistrer tes bagages ou tu prends tout avec toi?

_____

3. Tu préfères une place côté couloir ou côté fenêtre?

_____

Vocabulaire   Mots 2

4 **À bord** Identify each illustration.

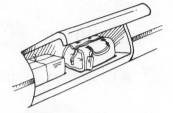

1. _____   2. _____   3. _____

4. _____   5. _____   6. _____

5 **Vrai ou faux?** Indicate whether each of the following statements is true or false.

	vrai	faux
1. Avant de monter en avion, on passe par le contrôle de sécurité.		
2. On sert un repas pendant un vol transatlantique.		
3. On ramasse les plateaux après le repas.		
4. Le pilote sert les repas.		
5. Il faut mettre ses bagages dans le couloir.		

6 **Quel verbe?** Choose the correct verb to complete each phrase.

passer   enregistrer   sortir   remplir   servir   choisir   attacher

1. _____ une place côté couloir

2. _____ par le contrôle de sécurité

3. _____ les bagages du coffre

4. _____ une carte de débarquement

5. _____ les bagages

6. _____ un repas

7. _____ sa ceinture de sécurité

Structure Les verbes en -ir au présent

7 **Un voyage en avion** Complete with the indicated verb.

1. Romain et Christophe _____ un vol Air France. (choisir)

2. Quand Romain fait enregistrer ses bagages, il _____ aussi sa place. (choisir)

3. Pendant le voyage, les deux garçons ont faim. Ils _____ tout leur repas. (finir)

4. Après, ils _____ leur carte de débarquement. (remplir)

5. Leur avion _____ à New York à 2 h 45. (atterrir)

8 **Au pluriel** Rewrite each sentence in the plural.

1. Je choisis toujours un vol pendant la journée.

   _____

2. Le passager remplit sa carte de débarquement.

   _____

3. L'avion atterrit à l'heure.

   _____

4. Tu choisis toujours une place côté couloir?

   _____

5. Elle ne finit pas son repas.

   _____

9 **Quel nom?** Can you figure out which noun goes with which verb?

1. _____ finir   **a.** le remplissage

2. _____ choisir   **b.** un atterrissage

3. _____ remplir   **c.** la fin

4. _____ atterrir   **d.** une croyance

5. _____ voir   **e.** un choix

6. _____ croire   **f.** la vue

Nom _____ Date _____

Quel et tout

10 **Céline et Aimé sortent.** Our friends don't know what to wear! Complete each blank with the correct form of **quel** followed by the item of clothing shown in the illustration.

1.   2.   3.   4.   5.

1. _____   4. _____

2. _____   5. _____

3. _____

6.   7.   8.   9.   10.

6. _____   9. _____

7. _____   10. _____

8. _____

11 **Tout l'avion** Complete with the appropriate form of **tout** and a definite article.

1. _____ cabine est non-fumeurs.

2. _____ personnel de bord est français.

3. _____ stewards sont très sympas.

4. _____ hôtesses de l'air sont sympas.

5. _____ sont occupées.

6. _____ sont dans les coffres.

Les verbes **sortir, partir, dormir** et **servir**

12 **En voyage** Rewrite the sentences in the singular.

   1. Les passagers partent pour Montréal.

   _____

   2. Nous partons pour l'aéroport à sept heures.

   _____

   3. Pendant le vol, les stewards servent des boissons.

   _____

   4. Les passagers ne dorment pas.

   _____

   5. Et vous, vous dormez quand le vol est long?

   _____

   6. Vous sortez vos bagages du coffre? Pourquoi?

   _____

13 **Quand vous sortez...** Donnez des réponses personnelles.

   1. Vous sortez pendant la semaine? Quel(s) jour(s)?

   _____

   2. Vous sortez pendant le week-end? Quel(s) jour(s)?

   _____

   3. Quand vous sortez, vous sortez avec qui?

   _____

Les noms et adjectifs en **-al**

14 **Au pluriel** Rewrite in the plural.

   1. un vol international _____

   2. un journal _____

   3. une organisation internationale _____

   4. la ville principale _____

   5. un parc municipale _____

Un peu plus

 Carte de débarquement Fill out the following disembarkation card. Use the boarding pass to fill out #7.

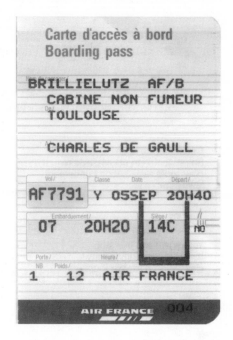

B **Facile à comprendre!** You have already seen that French shares a lot of vocabulary with the other Romance languages derived from Latin. Look at the expressions below in Spanish, Italian, and Portuguese and notice how much you could understand at an airport in Madrid, Mexico City, Rome, Lisbon, or Rio de Janeiro.

français	espagnol	italien	portugais
la ligne aérienne	la línea aérea	la linea aerea	a linha aerea
le vol	el vuelo	il volo	o vôo
le passeport	el pasaporte	il passaporto	o passaporte
la porte	la puerta	la porta	a porta
la carte d'embarquement	la tarjeta de embarque	la carta d'imbarco	a cartão de embarque
la douane	la aduana	la dogana	a alfândega
la destination	el destino	la destinazione	o destino
le billet	el billete	il biglietto	o bilhete
le passager	el pasajero	il passaggero	o passageiro
le voyage	el viaje	il viaggio	a viagem

À l'aéroport Charles-de-Gaulle If you have a connecting flight, you often have to transfer to another location in the airport. Here is the map of Terminal 2 at Charles-de-Gaulle Airport. Study it and answer the following questions. Make sure you estimate the distances correctly.

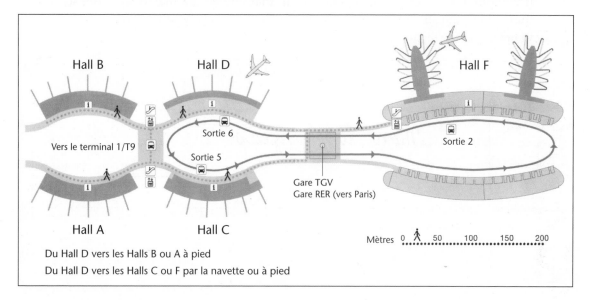

Du Hall D vers les Halls B ou A à pied
Du Hall D vers les Halls C ou F par la navette ou à pied

1. Quelle est la distance entre le hall F et le hall D?

_____

2. Et quelle est la distance entre le hall D et le hall B?

_____

3. Vous arrivez dans le hall F. Vous avez beaucoup de bagages. Votre vol de correspondance part du hall B. Qu'est-ce que vous allez faire? Vous allez trouver un chariot et y aller à pied ou vous allez prendre la navette? Où allez-vous prendre la navette? Jusqu'où?

_____

_____

_____

_____

Mon autobiographie

Do you like to travel? Do you travel often? Do you travel by plane? If you do, tell about your experiences.

If you don't travel by plane, imagine a trip that you would like to take. Tell something about the airport near your home and something about the flight you are going to take. Include as many details as you can.

Mon autobiographie

CHAPITRE 9

Nom _____ Date _____

La gare et le train

Vocabulaire　Mots 1

1 **Identifiez.** Identify each illustration.

1. _____　2. _____　3. _____

4. _____　5. _____　6. _____

2 **Au guichet** Answer in complete sentences based on the illustration.

1. Qu'est-ce que ces gens font?

_____

2. Ils sont tous patients?

_____

3. Que fait la fille au guichet?

_____

4. Qu'est-ce qu'elle a comme bagages?

_____

Vocabulaire   **Mots 2**

3 **Le train** Write a sentence about each illustration.

1.   **2.**   **3.**

4.   **5.**

1. _____

2. _____

3. _____

4. _____

5. _____

4 **Le contraire** Match each word in the left-hand column with its opposite in the right-hand column.

1. _____ monter   **a.** vendre

2. _____ assis   **b.** perdre patience

3. _____ à l'heure   **c.** debout

4. _____ le départ   **d.** en retard

5. _____ acheter   **e.** l'arrivée

6. _____ attendre   **f.** descendre

Structure Les verbes en -re au présent

5 **Un voyage en train** Complete with the correct form of the verb in parentheses.

1. On _____ des billets de train au guichet. (vendre)

2. Les voyageurs _____ dans la salle d'attente. (attendre)

3. J'_____ l'annonce du départ de notre train. (entendre)

4. Notre train _____ à l'heure. (partir)

5. Nous _____ patience quand le train a du retard. (perdre)

6. Le contrôleur _____ aux questions des voyageurs. (répondre)

7. Vous _____ à quel arrêt? (descendre)

8. Moi, je _____ à Toulouse. (descendre)

6 **À la gare** Rewrite each sentence, changing the subject and the verb to the singular. Make all other necessary changes.

1. Ils entendent l'annonce du départ de leur train.

   _____

2. Vous n'entendez pas l'annonce du départ de votre train?

   _____

3. Nous vendons des magazines et des journaux, c'est tout.

   _____

4. Vous attendez depuis longtemps?

   _____

5. Nous descendons maintenant?

   _____

6. Ils attendent la correspondance.

   _____

Les adjectifs démonstratifs

 **Quelques précisions** Complete with the correct form of **quel** in the question and **ce** in the answer.

1. —On prend _____ train?

   —_____ train-là.

2. —Il part de _____ voie?

   —De _____ voie-là.

3. —On achète les billets à _____ guichet?

   —À _____ guichet-là.

4. —On monte dans _____ voiture?

   —Dans _____ voiture-là.

5. —On a _____ places?

   —_____ places-là.

6. —On descend à _____ arrêt?

   —À _____ arrêt-là.

 Combien? Complete with the correct form of **ce** followed by the item in the illustration.

1. Il coûte combien _____?

   2. Et _____? Elle coûte combien?

3. Et _____? Elles coûtent combien?

   4. Et _____? Elle coûte combien?

5. Et _____? Il coûte combien?

6. Et _____? Ils coûtent combien?

Workbook

Les verbes **dire, lire, écrire**

9 **Pas tout!** Complete with the correct form of the verb **dire.**

1. —Tu comprends ce que je _____?

   —Pas tout ce que tu _____.

2. —Tu comprends ce qu'ils _____?

   —Pas tout ce qu'ils _____.

3. —Tu comprends ce que nous _____?

   —Pas tout ce que vous _____.

4. —Tu comprends ce qu'elle _____?

   —Pas tout ce qu'elle _____.

10 **Nous ne sommes pas gentils.** Complete with the correct form of the verb **écrire.**

1. Je n'_____ pas à Grand-Mère.

2. Mes parents n'_____ pas à Grand-Mère.

3. Mon frère n'_____ pas à Grand-Mère.

4. Toi, tu n'_____ pas à Grand-Mère.

5. Vous, vous n'_____ pas à Grand-Mère.

6. Et elle, elle _____ toujours à tout le monde!

11 **Quelle coïncidence!** Complete with the correct form of the verb **lire.**

1. Qu'est-ce que tu _____?

2. Qu'est-ce que je _____? *Cyrano de Bergerac.*

3. Elle aussi, elle _____ *Cyrano de Bergerac?*

4. Vous aussi, vous _____ *Cyrano de Bergerac?*

5. Eux aussi, ils _____ *Cyrano de Bergerac?*

6. Bien sûr que nous _____ tous le même livre. Nous sommes dans le même cours de français!

Un peu plus

 A **Les repas dans le train** Read the following information published in one of the SNCF guides. Then answer **vrai** or **faux**.

La restauration à bord

DANS LES TGV

LE BAR

Venez vous restaurer à la voiture-bar où un choix varié de produits vous est proposé : formule petit-déjeuner et formules repas, sandwichs, plats chauds, salades «fraîcheur», desserts et confiseries ainsi que des boissons chaudes et fraîches.

Des magazines sont en vente dans la quasi totalité des trains.

LE CONFORT D'UN REPAS SERVI À VOTRE PLACE

En 1re classe, dans certains trains, vous pouvez prendre vos repas (petit-déjeuner, déjeuner ou dîner) tranquillement installé dans votre fauteuil. Dans ce cas, la réservation est conseillée (votre titre repas est valable seulement dans le train pour lequel vous avez effectué votre réservation). De plus, des coffrets-repas froids peuvent être servis à la place, sans réservation, aux heures habituelles des repas.

---

	vrai	faux
1. En deuxième classe, on ne peut pas avoir de repas complet.		
2. On peut prendre un café à la voiture-bar.		
3. On peut acheter un magazine dans le train.		
4. En première classe, on peut manger à sa place.		
5. En première classe, il faut réserver pour pouvoir déjeuner.		
6. Il faut réserver aussi pour avoir un repas froid.		

Nom _____ Date _____

Horaire Look at the train schedule for Paris–Zurich and answer the questions.

Paris > Dijon > Lausanne / Bern et Zurich

POUR CONNAITRE LES PRIX REPORTEZ-VOUS AUX PAGES 46 À 49

numéro du TGV		21	421	23	25	25	29	429	27	427
type de trains		EC	EC	EC	EC	EC	EC	EC	EC	EC
particularités			①	②	③	④	⑤			
restauration		🍴🍷	🍴	🍴🍷	🍴	🍴	🍴🍷	🍴🍷	🍴🍷	🍴
PARIS-GARE-DE-LYON	Départ	7.41	7.41	12.48	14.45	15.48	16.48	16.48	18.18	18.18
Dijon	Arrivée	9.23	9.23	14.31	16.26	17.29	18.32	18.32	20.04	20.04
Dole	Arrivée	9.52	9.52							
Mouchard	Arrivée	10.13	10.13						20.47	20.47
Frasne	Arrivée	10.53	10.53	15.53	17.44	18.49	19.52	19.52	21.25	21.25
Vallorbe	Arrivée	11.12		16.12	18.03	19.11	20.20		21.47	
LAUSANNE	Arrivée	11.46		16.46	18.37	19.46	20.54		22.21	
Pontarlier	Arrivée		11.10					20.06		21.43
Neuchatel	Arrivée		11.54					20.49		22.27
BERN	Arrivée	a 13.13	12.28	a 18.13	a 20.13	a 21.13		21.22	a 23.38	23.00
Olten	Arrivée							22.10		
Aarau	Arrivée							22.20		
ZURICH	Arrivée		13.45					22.47		

1. Tous ces trains partent de quelle gare à Paris?

_____

2. Vous voulez aller à Neuchâtel en Suisse. Quels trains pouvez-vous prendre?

_____

3. Vous voulez dîner à Neuchâtel. Quel train allez-vous prendre?

_____

4. Pourquoi allez-vous prendre ce train-là et pas le suivant?

_____

5. À quelle heure allez-vous arriver à Neuchâtel?

_____

6. Il y a combien d'arrêts entre Paris et Neuchâtel?

_____

Mon autobiographie

Do you ever travel by train? If so, tell about one of your train trips. If you don't, make one up. Imagine you are traveling by train in France and write something about your trip. Tell whether or not you think travel is interesting.

If you never travel by train, explain why you don't.

Mon autobiographie

CHAPITRE 10

Nom _____ Date _____

Les sports

Vocabulaire Mots 1

1 **Les sports** Identify each item.

1. _____ 2. _____ 3. _____

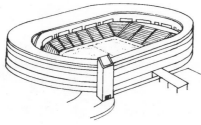 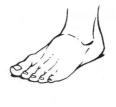

4. _____ 5. _____

2 **Définitions** Identify each person described below.

   1. un garçon ou une fille qui joue _____

   2. un joueur qui garde le but _____

   3. les personnes qui regardent le match _____

   4. un homme qui siffle quand il y a faute *(foul)* _____

3 **Le foot** Complete each sentence.

   1. On joue au foot avec un _____.

   2. Il y a onze _____ dans une _____ de foot.

   3. On joue au foot sur un _____.

   4. Il faut envoyer le ballon avec le _____ ou avec la tête.

   5. Chaque équipe veut envoyer le ballon dans le but du camp

   _____.

   6. Les _____ sont pleins de monde.

Vocabulaire   Mots 2

 Quel sport? Identify the sport associated with each word or expression.

1. dribbler le ballon _____

2. lancer le ballon _____

3. un but _____

4. un filet _____

5. un panier _____

6. une piste _____

7. servir (le ballon) _____

8. un vélo _____

5 **Des sportifs** Identify each person.

1. _____   2. _____

3. _____   4. _____

5. _____

Structure Le passé composé des verbes réguliers

 Hier soir aussi Complete each sentence in the **passé composé.**

1. J'étudie tous les soirs.

Hier soir aussi _____

2. Nous regardons la télévision tous les soirs.

Hier soir aussi _____

3. Mon père prépare le dîner tous les soirs.

Hier soir aussi _____

4. Mes frères jouent au football tous les soirs.

Hier soir aussi _____

5. Vous mangez tous les soirs au restaurant?

Hier soir aussi _____

6. Tu parles tous les soirs au téléphone avec ton amie?

Hier soir aussi _____

 Pas tout seul! Samia's brother gave a party for Samia, but his siblings helped. Rewrite the sentences replacing **je** by **nous.**

1. Dimanche, j'ai donné une fête pour l'anniversaire de Samia.

_____

2. J'ai téléphoné à tous ses amis.

_____

3. J'ai invité cinquante personnes.

_____

4. J'ai préparé tous les sandwichs.

_____

5. J'ai servi les boissons.

_____

6. J'ai choisi les disques.

_____

7. J'ai beaucoup travaillé!

_____

8 **Avant de regarder la télé** Complete with the **passé composé** of the indicated verb.

1. Vous _____ vos devoirs? (finir)

2. Vous _____ vos vêtements pour demain? (choisir)

3. Vous _____? (dîner)

4. Vous _____ à manger au chat? (donner)

5. Vous _____ que vous avez tout pour l'école? (vérifier)

6. Vous _____ ce que j'ai dit! (entendre)

9 **Un match de foot** Complete with the **passé composé** of the verb in parentheses.

1. Hier, Saint-Béat _____ contre Galié. (jouer)

2. Ils _____ à Loure. (jouer)

3. Fort _____ un coup de pied dans le ballon. (donner)

4. Couret _____ le ballon sur la tête. (renvoyer)

5. L'arbitre _____. (siffler)

6. Il _____ le match quelques instants. (arrêter)

7. Couret _____ deux buts. (marquer)

8. Saint-Béat _____. (perdre)

9. Galié _____ par deux buts à un. (gagner)

10. Les spectateurs _____ l'annonce. (entendre)

10 **Ce n'est pas vrai.** Write a sentence negating the statement. Follow the model.

J'ai attendu très longtemps!
Non, tu n'as pas attendu très longtemps!

1. Nous avons gagné!

_____

2. On a perdu!

_____

3. Vous avez fini!

_____

4. Tu as rigolé!

_____

11 **Au restaurant** Give personal answers.

    1. Quand est-ce que tu as dîné au restaurant?

_____

    2. Tu as dîné avec qui?

_____

    3. Qui a réservé une table?

_____

    4. Vous avez attendu longtemps?

_____

    5. Qu'est-ce que tu as commandé?

_____

    6. Qu'est-ce que les autres ont commandé?

_____

    7. À quelle heure vous avez fini de manger?

_____

    8. Qui a demandé l'addition?

_____

    9. Qui a payé l'addition?

_____

   10. Qui a laissé un pourboire pour le serveur?

_____

   11. Vous avez quitté le restaurant à quelle heure?

_____

Qui, qu'est-ce que, quoi

12 **Questions** Write questions with **qu'est-ce que.** Follow the model.

Nous avons regardé un match de foot.
Qu'est-ce que vous avez regardé?

1. Les Français ont gagné la coupe du Monde.

_____

2. Lance Armstrong a gagné le Tour de France.

_____

3. Nous avons perdu le match.

_____

4. J'ai marqué un but.

_____

5. L'arbitre a déclaré un penalty.

_____

13 **Encore des questions** Write a question about the italicized word(s).

1. J'ai joué au foot avec *des amis.*

_____

2. Nous avons joué *au basket-ball.*

_____

3. Nous mettons *un survêtement* pour faire de la gymnastique.

_____

4. *Lance Armstrong* a gagné le Tour de France.

_____

5. Michael Jordan est un joueur de *basket-ball.*

_____

Les verbes **boire, devoir** et **recevoir** au présent

14 **Des boissons** Complete with the correct form of the verb **boire** and finish the sentence.

1. —Qu'est-ce que vous _____?

   —Nous _____.

2. —Qu'est-ce qu'elle _____?

   —Elle _____.

3. —Qu'est-ce que tu _____?

   —Je _____.

4. —Qu'est-ce qu'ils _____?

   —Ils _____.

15 **Des obligations** Complete with the correct form of the verb **devoir** and finish the sentence.

1. —Tu veux aller au cinéma?

   —Non, je _____.

2. —Vous pouvez dîner avec nous?

   —Non, on _____.

3. —Ils vont jouer au foot?

   —Non, ils _____.

4. —Vous allez déjeuner au restaurant?

   —Non, nous _____.

5. —Je peux aller avec vous?

   —Non, tu _____.

16 **Trop de catalogues!** Fill in the correct form of the verb **recevoir.**

1. Tous les jours, nous _____ des tonnes de catalogues!

2. Moi aussi, je _____ beaucoup de catalogues.

3. Lui non, il ne _____ pas de catalogues.

4. Et vous, vous _____ beaucoup de catalogues?

5. Non, mais mes voisins, eux, qu'est-ce qu'ils _____ comme catalogues!

Un peu plus

 Les Jeux olympiques Read the following text about the Olympic Games.

C'est le roi d'Élide qui a créé les premiers Jeux olympiques à Olympie, en 884 avant Jésus-Christ, dans la Grèce antique.

C'est un Français, Pierre de Coubertin, qui a organisé les premiers Jeux olympiques modernes en 1896... à Athènes, bien sûr: «Pour assurer aux athlètes de tous les pays un plus grand prestige, il faut internationaliser le sport et il faut donc organiser les Jeux olympiques.»

C'est pourquoi, en souvenir de Pierre de Courbertin, les annonces sont faites dans la langue du pays, mais toujours en français aussi.

 Trouvez les informations. Find the following information in the reading.

1. la personne qui a organisé les premiers Jeux olympiques en Grèce antique

_____

2. le nom et la nationalité de la personne qui a créé les Jeux olympiques modernes

_____

3. la langue dans laquelle les annonces sont toujours faites

_____

Les cinq anneaux Read the following information.

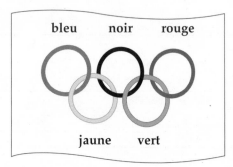

bleu   noir   rouge

jaune   vert

L'emblème des Jeux olympiques sont les cinq anneaux entrelacés qui symbolisent l'union des cinq continents: l'anneau bleu est l'Europe, l'anneau jaune est l'Asie, l'anneau noir est l'Afrique, l'anneau vert est l'Océanie et l'anneau rouge est l'Amérique.

 Symboles How are the following represented?

1. l'Europe _____

2. l'Amérique _____

3. l'Afrique _____

4. l'Asie _____

5. l'Océanie _____

Nom _____ Date _____

 Un joueur de basket Look at the information about this basketball player and answer the questions.

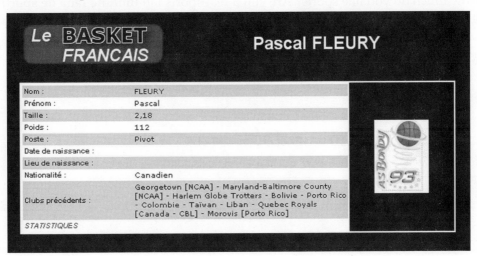

Le BASKET FRANCAIS

Pascal FLEURY

Nom :	FLEURY
Prénom :	Pascal
Taille :	2,18
Poids :	112
Poste :	Pivot
Date de naissance :	
Lieu de naissance :	
Nationalité :	Canadien
Clubs précédents :	Georgetown [NCAA] - Maryland-Baltimore County [NCAA] - Harlem Globe Trotters - Bolivie - Porto Rico - Colombie - Taïwan - Liban - Quebec Royals [Canada - CBL] - Morovis [Porto Rico]

STATISTIQUES

1. Quel est le nom de ce joueur?

_____

2. Il est français?

_____

3. Il est grand? Il mesure combien en mètres? Et en pieds et en pouces?

_____

4. Est-ce qu'il a joué dans un club français?

_____

 Un nouveau sport Look at the following information and answer the questions.

1. Quel est ce nouveau sport?

_____

2. Qu'est-ce qu'il faut pour jouer à ce nouveau sport?

_____

3. Il y a combien de joueurs dans chaque équipe?

_____

4. Qui a inventé ce sport?

_____

LE ROLLERBASKET Inventé par le joueur professionel de basket américain Tom Lagarde, le Rollerbasket se pratique avec des rollers aux pieds! Deux équipes de trois joueurs s'affrontent sur un classique terrain de basket. Le premier tournoi s'est déroulé à New York l'an dernier.

Mon autobiographie

How much do you like sports? Are you a real sports fan **(un/une fana de sport)?**
If you participate in a team sport, write about it. Do you prefer to participate or to be
a spectator? Write something about the teams at your school.

Mon autobiographie

Nom _____ Date _____

L'été et l'hiver

Vocabulaire [Mots 1]

1 **À la plage** Identify each item.

1. _____

2. _____

3. _____

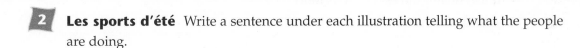

4. _____

5. _____

6. _____

2 **Les sports d'été** Write a sentence under each illustration telling what the people are doing.

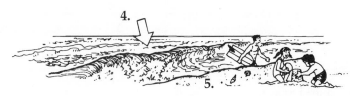

1. _____

2. _____

3. _____

4. _____

3 **Pour ou contre la plage?** Give personal answers.

    1. Tu aimes aller à la plage?

    _____

    2. Tu y vas avec qui? Avec tes copains? Tes frères et sœurs?

    _____

    3. Tu aimes prendre des bains de soleil?

    _____

    4. Et tes copains, ils aiment prendre des bains de soleil aussi?

    _____

    5. Vous mettez de la crème solaire?

    _____

    6. Tu nages bien?

    _____

    7. Et tes copains, ils nagent bien?

    _____

    8. Tu fais du ski nautique? Du surf?

    _____

    9. Et tes copains, qu'est-ce qu'ils font?

    _____

   10. Il y a une plage près de chez toi? Où?

    _____

4 **La natation** Complete with an appropriate word.

    1. Caroline apprend à nager. Elle prend des leçons de _____.

    2. Elle prend des leçons dans une _____, pas dans la mer.

    3. Maintenant elle nage assez bien. Elle a bien écouté le _____.

    4. Elle nage assez bien et elle _____ assez bien aussi.

Vocabulaire Mots 2

5 **Une station de sports d'hiver** Identify each item.

1. _____ 2. _____ 3. _____

4. _____ 5. _____ 6. _____

6 **Le matériel de ski** Identify each item.

1. _____ 2. _____ 3. _____

4. _____ 5. _____ 6. _____

7. _____ 8. _____

7 **Le temps et les saisons** Check the corresponding season(s). Use as reference a place with four distinct seasons.

	au printemps	en été	au automne	en hiver
1. Il pleut.				
2. Il neige.				
3. Il y a du vent.				
4. Il fait chaud.				
5. Il fait du soleil.				
6. Il fait mauvais.				
7. Il fait frais.				
8. Il gèle.				

8 **Le patin à glace** Correct the false statements.

1. Pour faire du patin, on met des skis.

_____

2. On fait du patin sur la neige.

_____

3. On fait du patin sur un terrain.

_____

4. Il y a de la glace quand il fait chaud.

_____

5. On ne peut pas tomber quand on fait du patin.

_____

6. Joël est débutant. Il fait très bien du patin.

_____

Structure Le passé composé des verbes irréguliers

 Vive le ski! Rewrite each sentence in the **passé composé.**

1. Guillaume fait du ski.

_____

2. Il met ses skis.

_____

3. Il prend son ticket.

_____

4. Il fait la queue au télésiège.

_____

5. Il voit une copine dans la queue.

_____

6. Il dit «salut» à sa copine.

_____

7. Ils prennent le télésiège ensemble.

_____

8. Guillaume veut prendre une piste difficile.

_____

9. Mais sa copine ne veut pas.

_____

10. Il prend la piste difficile tout seul.

_____

11. Il a un petit accident: il perd un ski.

_____

12. Il doit descendre à pied!

_____

10 **En classe** Complete with the **passé composé** of the verb in parentheses.

1. Le professeur _____ bonjour. (dire)

2. J'_____ ce qu'il _____ . (comprendre, dire)

3. Tous les élèves _____ des notes. (prendre)

4. Vous _____ vos notes dans votre cahier? (écrire)

5. Oui, et après le cours, nous _____ nos notes. (lire)

6. Carole _____ lire mes notes, mais elle

   n'_____ pas _____ lire mon écriture. (vouloir, pouvoir)

7. Toi, tu n'_____ pas _____ ce que le prof

   _____. (comprendre, dire)

8. Tu _____ copier mes notes. (devoir)

Les mots négatifs

11 **Pas sympa!** Rewrite each sentence in the negative.

1. Il dit quelque chose à son copain.

   _____

2. Et son copain écrit quelque chose.

   _____

3. Il voit quelqu'un.

   _____

4. Il donne quelque chose à quelqu'un.

   _____

5. Il dit quelque chose à quelqu'un.

   _____

6. Il parle souvent à quelqu'un.

   _____

Le passé composé avec **être**

12 **À l'école** Rewrite the sentences in the **passé composé.**

1. Je vais à l'école.

   _____

2. J'arrive à huit heures.

   _____

3. J'arrive avec mes copains.

   _____

4. Nous entrons dans l'école.

   _____

5. Nous montons dans notre classe.

   _____

6. À onze heures et demie, nous descendons à la cantine.

   _____

7. Nous sortons de l'école à trois heures.

   _____

8. Je rentre directement chez moi.

   _____

13 **Flore** Complete with **est** or **a.**

1. Flore _____ allée à l'école.

2. Elle _____ pris l'autobus.

3. Elle _____ arrivée.

4. Elle _____ entrée dans la classe.

5. Elle _____ dit bonjour.

6. Elle _____ sortie dans la cour.

7. Elle _____ parlé à ses copines.

8. Elle _____ rentrée chez elle.

14 **La plage** Complete with the **passé composé** of the verb in parentheses.

1. Marie-Christine et ses copains _____ à la plage. (aller)

2. Ils _____ à dix heures. (partir)

3. Ils _____ dans l'eau immédiatement. (entrer)

4. Ils _____ dans l'eau toute la journée. (rester)

5. Ils _____ de l'eau complètement gelés! (sortir)

6. Ils _____ chez eux tard le soir! (rentrer)

Un peu plus

 A **Deux proverbes** Read the following French proverbs.

Après la pluie, le beau temps. pluie *rain*

Le temps, c'est de l'argent.

1. The same word appears in each proverb. Which one? _____

2. Do you think the word means the same thing in both proverbs? _____

3. What does the word **temps** mean in the first proverb? _____

4. What does it mean in the second proverb? _____

5. The English equivalent of the second proverb is very similar to the French. What would it be? _____

6. Can you find the English equivalent for the first proverb? It also has to do with weather. _____

B **Le Canada** Read the following text.

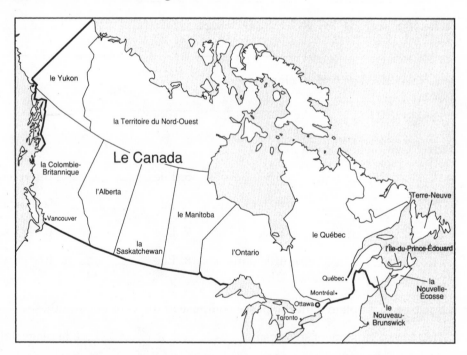

Le Canada est un grand pays en Amérique du Nord. Il est divisé en dix provinces et deux territoires. Les deux territoires sont le Territoire du Nord-Ouest et le Yukon. Le Canada a 31 millions d'habitants—7 millions sont des Canadiens français. Les deux langues officielles du Canada sont l'anglais et le français.

La plupart des Canadiens français habitent dans la province du Québec ou dans les provinces maritimes de l'est du pays. Montréal et Québec sont les plus grandes villes du Québec. Montréal est la deuxième ville francophone du monde après Paris.

Répondez. Give answers based on the reading.

1. Où est le Canada?

_____

2. Il y a combien de provinces au Canada?

_____

3. Quelle est la population du Canada?

_____

4. Il y a combien de francophones au Canada?

_____

5. Quelles sont les deux langues officielles du Canada?

_____

7. Où habitent la plupart des Canadiens français?

_____

 Un nouveau sport Read the following text and answer the questions.

1. Qui a inventé la voile Birdsail?

_____

_____

2. Quelles sont les trois utilisations possibles de Birdsail?

_____

_____

3. Qu'est-ce qu'il faut pour faire de la voile Birdsail?

_____

_____

HOMME á VOILE Créée récemment par un Français, la voile BirdSail s'attache sur le corps grâce à un harnais fixé autour du torse. Légère et maniable, elle s'utilise sur la plage avec des rollers, sur la neige à ski ou sur la mer en surf. Á condition bien sûr qu'il y ait du vent!

Mon autobiographie

What is the weather like where you live? How many seasons do you have? Which one is your favorite? Choose one season and write as much as you can about your activities, what sports you participate in, what trips you take.

Mon autobiographie

1 Make a list of five things to take to the beach.

1. _____
2. _____
3. _____
4. _____
5. _____

2 Make a list of five things to take when you go skiing.

1. _____
2. _____
3. _____
4. _____
5. _____

3 Choose the correct completion.

1. La plage est _____.
   a. au bord de la mer
   b. sur une planche à voile
   c. dans une piscine

2. Un arbitre _____.
   a. envoie le ballon dans le but
   b. marque un but
   c. siffle quand il y a un but

3. Quand le stade est plein, _____.
   a. il n'y a pas de spectateurs
   b. il y a quelques spectateurs
   c. il y a beaucoup de spectateurs

4. Quand il fait chaud, _____.
   a. il y a de la neige
   b. il y a du soleil
   c. il y a de la glace

5. Dans une piscine, on peut _____.
   a. plonger
   b. skier
   c. faire du patin

6. Avant de voyager, il faut _____.
   a. acheter un journal
   b. parler au contrôleur
   c. composter son billet

7. Un billet de première est _____.
   a. plus cher qu'un billet de seconde
   b. moins cher qu'un billet de seconde
   c. le même prix qu'un billet de seconde

8. Il a gagné: il est arrivé _____.
   a. le dernier
   b. en retard
   c. le premier

Workbook
Copyright © Glencoe/McGraw-Hill

Bon voyage! Level 1, Self-Test 3 ✤ **115**

4 Complete with the correct form of the present tense of the verb in parentheses.

1. Tu _____ souvent avec tes copains? (sortir)

2. Vous allez à Paris quand vous _____? (sortir)

3. Vous _____ à quelle heure? (partir)

4. Vous _____ vos copains quand ils sont en retard? (attendre)

5. Vous _____ quelque chose à vos copains s'ils sont en retard? (dire)

6. Et eux, ils _____ quelque chose quand vous êtes en retard? (dire)

5 Rewrite the sentences in the plural.

1. Il sert le petit déjeuner de 7 heures à 10 heures et demie.

_____

2. Je ne dors pas bien dans cet hôtel.

_____

3. Tu ne dis rien?

_____

4. Moi, quand je ne peux pas dormir, je lis.

_____

5. Et moi, j'écris des lettres et je ne perds pas patience.

_____

6 Complete with an appropriate word.

—_____ tu lis?
          1

—*Le Comte de Monte-Cristo.*

—Tu lis _____?
          2

—*Le Comte de Monte-Cristo.* Tu n'as jamais lu _____ livre?
          3

—Non.

—Mais _____ le monde a lu *le Comte de Monte-Cristo!*
          4

—Pas moi. Et... _____ a écrit *le Comte de Monte-Cristo?*
          5

—Ah, il faut demander au prof.

—À _____ prof?
          6

—Ben, au prof de français, bien sûr!

7 Rewrite the sentences, saying the opposite.

1. Il parle à tout le monde.

_____

2. Vous dites quelque chose.

_____

3. Je suis toujours à l'heure.

_____

4. Nous attendons quelqu'un.

_____

8 Rewrite the sentences in the **passé composé.**

1. Il parle.

_____

2. Nous choisissons.

_____

3. Vous finissez?

_____

4. Tu perds!

_____

9 Write the past participle of the verb.

devoir		prendre	
boire		apprendre	
croire		comprendre	
voir		mettre	
pouvoir		dire	
vouloir		écrire	
lire			
recevoir		être	
avoir		faire	

Workbook
Copyright © Glencoe/McGraw-Hill

Bon voyage! Level 1, Self-Test 3 ❖ **117**

10 Give personal answers.

1. Tu es sorti(e) samedi soir?

_____

2. Tu es sorti(e) avec qui?

_____

3. Vous êtes allé(e)s où?

_____

4. Vous êtes resté(e)s combien de temps?

_____

5. Qu'est-ce que vous avez fait?

_____

6. Vous êtes rentré(e)s à quelle heure?

_____

7. Vous êtes rentré(e)s comment?

_____

11 Write a sentence according to the model.

Tu es sorti hier.
Je ne suis pas sorti hier.

1. Tu es rentré à minuit.

_____

2. Ils sont partis la semaine dernière.

_____

3. J'ai toujours été à l'heure!

_____

4. Vous avez eu de la chance.

_____

5. Elle a dit quelque chose.

_____

6. Ils ont vu quelqu'un.

_____

Answers appear on pages 155–156.

Nom _____ Date _____

La routine quotidienne

Vocabulaire   **Mots 1**

1   **Tous les jours** Write a sentence telling what the person in each illustration is doing.

Marie

1. _____

Carole

2. _____

Guy

3. _____

Christian

4. _____

Thierry

5. _____

Sabine

6. _____

2 **Il a besoin de quoi?** Write what Arnaud needs according to the illustrations.

1. 2. 3. 4. 5. 6.

1. Arnaud va se laver. Il a besoin d'un _____.

2. Il va se laver les cheveux. Il a besoin de _____.

3. Il va prendre une douche. Il a besoin de _____.

4. Il va se raser. Il a besoin d'un _____.

5. Il va se peigner. Il a besoin d'un _____.

6. Il va se laver les dents. Il a besoin de _____.

3 **Le matin** These drawings show Sylvie's morning routine. First write the letters of the drawings in logical order. Then write a caption for each drawing.

A. B. C. D.

E. F. G. H.

1. _____ _____

2. _____ _____

3. _____ _____

4. _____ _____

5. _____ _____

6. _____ _____

7. _____ _____

8. _____ _____

Vocabulaire Mots 2

4 Dans la cuisine Identify the following items.

1. _____   2. _____   3. _____

4. _____   5. _____   6. _____

5 Dans quel ordre? Put the following activities in logical order.

_____ débarrasser la table   _____ servir le repas

_____ faire le repas   _____ mettre la table

_____ faire la vaisselle

6 Activités quotidiennes Complétez.

1. Si on n'a pas de lave-vaisselle, il faut faire la _____

   dans l'_____.

2. Pour zapper, on utilise la _____.

3. On zappe pour éviter les _____.

4. On zappe aussi pour changer de _____.

5. Quand on veut regarder une émission, on _____ la
   télévision.

6. Quand l'émission est finie, on _____ la télévision.

7. Quand on n'est pas là, on peut _____ une émission.

8. En général, les enfants doivent faire leurs _____ avant de
   regarder la télévision.

Structure Les verbes réfléchis au présent

7 **Qu'est-ce qu'ils font?** Write a sentence describing what the people are doing.

1.
2.
3.
4.
5.
6.

1. _____
2. _____
3. _____
4. _____
5. _____
6. _____

8 **La matinée de Jamal** Read the conversation and write a paragraph about Jamal's morning.

—Dis donc, Jamal, tu te lèves à quelle heure, le matin?

—À quelle heure je me lève? Oh, en général à six heures et demie.

—C'est tôt, non?

—Pas vraiment. Je me lave, je m'habille, je me brosse les dents, je me rase... et il est sept heures et demie, l'heure de partir au lycée.

_____
_____
_____
_____

9 **Dans la salle de bains** Complete each sentence with the correct form of the verb in parentheses.

1. Le matin, tout le monde veut la salle de bains. Moi, je _____ à sept heures. (se réveiller)

2. Mon frère _____ à sept heures moins le quart. (se réveiller)

3. Alors, bien sûr, il _____ avant moi! (se laver)

4. Mon père _____ déjà à six heures et demie. (se raser)

5. Ma mère et ma sœur _____ les dents ensemble pour laisser la place aux autres. (se laver)

6. Mon frère et moi, nous _____ dans notre chambre parce que maman veut _____. (s'habiller, se maquiller)

7. Ma sœur _____ dans sa chambre! (se peigner)

8. Tout le monde _____! (se dépêcher)

10 **Qu'est-ce que vous faites d'abord?** Complete with the verbs in parentheses. Put them in a logical order. Use **nous**.

1. se laver / se réveiller

D'abord _____ et ensuite, _____.

2. s'habiller / se raser

D'abord _____ et ensuite, _____.

3. se coucher / se laver les dents

D'abord _____ les dents et ensuite,

_____.

4. se peigner / se laver les cheveux

D'abord _____ les cheveux et ensuite,

_____.

Verbs with spelling changes

11 **Noms et prénoms** Complete with the correct form of **appeler**.

1. Moi, je _____.

2. Mon frère _____.

3. Ma sœur _____.

4. Mes cousins _____.

5. Mes copains _____.

12 Très raisonnables! Complete with the correct form of the verb in parentheses.

1. Nous _____ très tôt. (se lever)

2. Je _____ le chien. (promener)

3. Nous _____ pendant une heure. (nager)

4. Nous _____ très peu. (manger)

5. Ils _____ des fruits, c'est tout. (acheter)

6. Nous _____ à travailler à huit heures. (commencer)

Les verbes réfléchis au passé composé

13 Hier Complete with the **passé composé** according to the illustrations.

1. Tu _____ à sept   2. Ton frère et toi, _____

heures.   dans votre chambre.

3. Votre mère _____   4. Ton frère et toi, _____

dans la salle de bains.   _____ pour aller à l'école.

 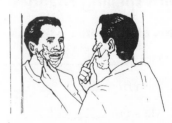

5. Ta mère et ta sœur   6. Ton père _____, il

_____ aussi.   s'est habillé et il est parti travailler.

Avant le petit déjeuner Write what Claire did this morning before breakfast.

1. _____   2. _____

_____   _____

3. _____   4. _____

_____   _____

 Ce n'est pas vrai. Rewrite the sentences in the negative.

1. Julien s'est réveillé très tôt.

_____

2. Il s'est levé immédiatement.

_____

3. Il s'est rasé.

_____

4. Il s'est habillé très vite.

_____

5. Il s'est dépêché.

_____

Un peu plus

 A **Programme de télévision** Look at the television guide page. These programs are especially chosen for young people. Do you recognize some programs?

■ **7h10** ◊ 10h03 **TF1**
Disney Club
Winnie l'ourson.
Les Gummi. Dingo.
Aladdin. Myster Mask.
♥ **Zorro. Reportages.**

■ **7h15** ◊ 9h50 **M6**
Covington cross (Série)

■ **7h30** ◊ 8h30 **CINQUIÈME**
♥ **Jeunesse**
Téléchat (8h25).

■ **7h45** ◊ 8h35 **FRANCE 2**
Dimanche mat'
La panthère rose. Océane.

■ **7h45** ◊ 8h55 **FRANCE 3**
Les Minikeums
♥ **Il était une fois la vie.**
♥ **Les contes
du chat perché (8h15).
Le Maxikeum (8h40).**

■ **8h45** ◊ 10h **CINQUIÈME**
Les écrans du savoir
**L'ABC d'hier.
La police (9h15). Les clés
de la nature (9h30).
L'œuf de Colomb (9h45).**

● **9h** ◊ 10h **FRANCE 3**
Télétaz
**Batman.
Le diable de Tasmanie.
Les animaniacs.**

■ **10h05** ◊ 10h20 **FRANCE 3**
Microkid's multimédia

● **10h25** ◊ 10h50 **FRANCE 3**
♥ **C'est pas sorcier**
La tour Eiffel
Comment la tour Eiffel est-elle construite ?

■ **11h50** ◊ 12h20 **M6**
Sport : Dole Fundoor

■ **12h** ◊ 13h **CINQUIÈME**
**Avant qu'il ne soit
trop tard**
Documentaire écologique
pour la survie des espèces.

■ **12h20** ◊ 12h55 **M6**
Madame est servie
(Série)

■ **12h30** ◊ 13h30 **C+ (clair)**
Télé dimanche

■ **12h55** ◊ 16h10 **M6**
Double verdict
Warren, avocat à Houston, a
menti à la cour. Résultat : il
n'a plus le droit d'exercer.
C'est le désespoir. Jusqu'au
jour où un grand avocat l'appelle…

■ **13h10** ◊ 14h05 **FRANCE 3**
Les quatre dromadaires
**Les crocodiles,
seigneurs du Kirawira**
A part les belles scènes où les
crocodiles croquent les antilopes et les gnous, ce documentaire est un peu ennuyeux.

■ **13h20** ◊ 14h15 **TF1**
Walker Texas Ranger

■ **13h25** ◊ 17h50 **FRANCE 2**
Dimanche Martin

■ **13h30** ◊ 14h05 **C+ (clair)**
♥ **La semaine
des Guignols**

■ **14h55** ◊ 16h20 **F3**
Sport dimanche
Basket (15h30).

■ **15h10** ◊ 16h05 **F2**
♥ **Cousteau**

■ **16h** ◊ 17h **CINQUIÈME**
♥ ♥ **Le comte
de Monte-Cristo**
Voir encadré. ▶

■ **16h10** ◊ 17h05 **M6**
Fréquenstar
Elie et Dieudonné
(Divertissement)

■ **16h10** ◊ 17h10
C+ (clair)
**Décode pas
Bunny**

♥ ♥ **LE COMTE DE MONTE-CRISTO**
■ 16h ◊ 17h **CINQUIÈME**
Avis aux amateurs de grandes aventures, de belles
romances d'amour, d'histoire de France… il y en a
vraiment pour tous les goûts.
1814 : Napoléon Bonaparte, exilé sur l'île d'Elbe après
ses défaites en France, cherche à renverser le roi Louis
XIII. A Marseille, un jeune capitaine, amoureux de
la belle Mercedes, fait des jaloux. Victime d'un complot, on l'accuse d'aider Bonaparte et on l'emprisonne. Une injustice qu'il va tenter de réparer…
Du suspense pour cette série très réussie.

Nom _____ Date _____ ✦ _____

B **À la télévision** Give answers based on the television guide page.

1. Quelles sont les chaînes de télévision en France?

   _____

   _____

   _____

   _____

   _____

2. Si vous aimez les documentaires, qu'est-ce que vous allez regarder?

   _____

   _____

   _____

   _____

   _____

3. Si vous aimez les dessins animés, qu'est-ce vous allez regarder?

   _____

   _____

   _____

   _____

   _____

4. Si vous aimez les sports, qu'est-ce que vous allez regarder?

   _____

   _____

   _____

   _____

   _____

5. Si vous voulez voir un film, qu'est-ce que vous allez regarder?

   _____

   _____

   _____

   _____

   _____

Mon autobiographie

Every day there are routine activities we all have to do. Give as much information as you can about your daily routine. Tell what you usually do each day. Tell what time you usually do it.

Mon autobiographie

CHAPITRE 13

Nom _____ Date _____

Les loisirs culturels

Vocabulaire   Mots 1

1 **Le cinéma** Give personal answers.

1. Il y a un cinéma près de chez vous? Comment s'appelle-t-il?

_____

2. On joue des films étrangers dans ce cinéma?

_____

3. Vous avez déjà vu un film étranger?

_____

4. Vous avez vu ce film en version originale, doublé ou avec des sous-titres?

_____

5. Quel(s) genre(s) de film préférez-vous?

_____

2 **Le théâtre** Identify each illustration.

1. _____   **2.** _____

3. _____   **4.** _____

3 **Une troupe de théâtre** Give personal answers about a theater club in your school.

1. Vous aimez le théâtre?

_____

2. Il y a une troupe de théâtre dans votre école?

_____

3. Vous faites partie de cette troupe de théâtre?

_____

4. Elle s'appelle comment?

_____

5. Elle monte combien de pièces par an?

_____

6. Quel genre de pièces?

_____

7. Cette année, la troupe va monter quelle pièce?

_____

8. Comment s'appelle cette pièce? C'est quel genre de pièce?

_____

9. Vous jouez dans cette pièce? Quel rôle?

_____

10. Vous avez des ami(e)s qui jouent dans cette pièce? Quels rôles?

_____

4 **Vrai ou faux?** Check the appropriate box.

	vrai	faux
1. Un film doublé a des sous-titres.		
2. Un film en version originale est toujours en français.		
3. Au cinéma, il y plusieurs séances le week-end.		
4. On peut louer des films en vidéo.		
5. Dans une comédie musicale, il n'y a pas de chanteurs.		
6. Un entracte est entre deux actes.		

Vocabulaire **Mots 2**

5 **Qu'est-ce que c'est?** Identify the following items.

1. _____ 2. _____ 3. _____

4. _____ 5. _____

 6 **Un musée** Give personal answers.

1. Il y a un musée près de chez vous?

_____

2. C'est quel musée?

_____

3. Il est où?

_____

4. C'est un grand musée ou un petit musée?

_____

5. Vous y allez de temps en temps?

_____

6. Il y a des tableaux et des statues dans ce musée?

_____

7. Il y a souvent des expositions intéressantes?

_____

7 **Dites-nous...** Give the following information.

1. le nom d'un grand musée

   _____

2. le nom d'un sculpteur (homme ou femme)

   _____

3. le nom de votre acteur favori

   _____

4. le nom de votre actrice favorite

   _____

5. le nom d'un tableau célèbre

   _____

6. le nom d'une statue

   _____

7. le titre d'un film policier

   _____

8. le titre d'un film de science-fiction

   _____

9. le titre d'un dessin animé

   _____

10. le titre d'une pièce de théâtre

    _____

11. le titre d'une comédie musicale

    _____

12. le titre d'une tragédie grecque

    _____

Nom _____ Date _____

Structure Les verbes connaître et savoir

8 **Connaître et savoir** Rewrite the following sentence with each pronoun and make all necessary changes.

Je connais Marie et je sais qu'elle est française.

1. Il _____.

2. Elle _____.

3. Nous _____.

4. Je _____.

5. Tu _____.

6. Vous _____.

7. Ils _____.

9 **L'Alsace, vous connaissez?** Complete with the correct form of **connaître** or **savoir**.

Karen et Melissa vont en France. Elles vont visiter l'Alsace. Elles

_____ assez bien Paris, mais elles ne _____
                1   2

pas bien le reste de la France. Elles _____ que Strasbourg est la
                                                                      3

capitale de l'Alsace. Elles ont vu des photos de Strasbourg et elles

_____ que c'est une ville pittoresque. Karen et Melissa veulent
        4

_____ l'Alsace. Elles veulent _____ si les
        5   6

restaurants alsaciens sont aussi bons que les restaurants parisiens. Elles

_____ qu'on sert beaucoup de choucroute en Alsace. Elles
        7

veulent _____ s'il y a une influence allemande en Alsace.
                8

10 **Savez-vous que...?** Write what you know about the following cities. Begin each sentence with **je sais que.**

1. Paris _____

_____

2. Nice _____

_____

3. Strasbourg _____

_____

Les pronoms **me, te, nous, vous**

11 **Souvent?** Follow the model.

—**Paul te parle tout le temps!**
—**Non, il me parle quelquefois.**
—**Il te parle très souvent.**

1. —Paul t'invite tout le temps!

—_____

—_____

2. —Paul t'écrit tout le temps!

—_____

—_____

3. —Paul te téléphone tout le temps.

—_____

—_____

4. —Paul t'écoute tout le temps.

—_____

—_____

5. —Paul te fait tout le temps des cadeaux.

—_____

—_____

12 **Un bon père** Rewrite changing *Michelle* to *Michelle et Marie*.

—Michelle, ton père te téléphone souvent?

—Oui, il me téléphone tous les soirs.

—Il t'aime beaucoup?

—Oui, il m'adore.

—Michelle et Marie, _____

—_____

—_____

—_____

Les pronoms **le, la, les**

13 **Un peu de culture** Answer in the affirmative using a pronoun. Follow the model.

—**Tu ne connais pas ce musée?**
—**Si, je le connais.**

1. —Tu ne connais pas cet acteur?

   —_____

2. —Tu ne connais pas cette actrice?

   —_____

3. —Tu ne connais pas cette pièce?

   —_____

4. —Tu ne connais pas ces chanteurs?

   —_____

5. —Tu ne connais pas ces chanteuses?

   —_____

6. —Tu ne connais pas ces tragédies?

   —_____

14 **Tout est possible.** Answer in the affirmative or in the negative, using a pronoun.

1. —Tu veux voir l'exposition de Monet?

   —_____

2. —Tu veux regarder les informations?

   —_____

3. —Tu veux inviter Bertrand?

   —_____

4. —Tu veux écouter la conférence de Giraud?

   —_____

5. —Tu veux voir le film de Laurel et Hardy?

   —_____

Un peu plus

 A **Une affiche** Look at this poster and answer the following questions about it.

ÉGLISE SAINT-AUGUSTIN
PLACE ET MÉTRO SAINT-AUGUSTIN
Dimanche 8 décembre
à 16 h

ÉGLISE DE LA MADELEINE
PLACE ET MÉTRO MADELEINE
Mardi 10 décembre
à 20 h 30

VERDI REQUIEM

Verena KELLER
soprano
Peyo GARAZZI
ténor

Lyne DOURIAN,
mezzo-soprano
Patrick PELEX
basse

CHŒURS: Arthur HONEGGER
de Fresnes et du Conservatoire du Centre de Paris
Direction: Anne-Marie LIÉNARD

ORCHESTRE LE SINFONIETTA de PARIS
Direction: Dominique FANAL

Locations: FNAC et par téléphone au 01 42 33 43 00
A l'église Saint-Augustin une heure
avant le début du concert
A l'église de la Madeleine les lundi 9 et mardi
10 de 11 h à 18 h et une heure avant le concert

1. C'est une affiche pour un concert ou pour un ballet?

_____

2. Qui est le compositeur de ce requiem?

_____

3. Où est l'église Saint-Augustin?

_____

4. Quelle est la date de ce concert?

_____

5. C'est quels jours?

_____

6. À quelle heure commence le concert?

_____

_____

7. À quel numéro peut-on téléphoner pour louer des places?

_____

B **Dérivations** Some words are related. For example, the verb **chanter** and the noun **chanteur** are related. If you know one, you can guess the meaning of the other. Write the noun that corresponds to each of the following verbs.

1. danser _____

2. sculpter _____

3. jouer _____

4. voyager _____

5. vendre _____

6. servir _____

7. contrôler _____

8. laver _____

C **Un musée intéressant** Look at this ad for an unusual museum and answer the questions.

MUSÉE DE LA POUPÉE
"Au Petit Monde Ancien"

- *Exposition permanente d´une collection de poupées et bébés francais de 1860 à 1960*
- *Expositions temporaires à thème sur les poupées et jouets de collection*
- *Boutique cadeaux*
- *Clinique de la poupée*
- *Conférences sur l'histoire de la poupée*
- *Stages de création et de restauration de poupées*

IMPASSE BERTHAUD
PARIS 75003
(m° Rambuteau)
tel. (01 42 72 55 90

Ouvert du mercredi au dimanche
de 10 h à 18 h
le jeudi de 14 à 22 h

1. Où se trouve ce musée?

_____

_____

2. Quelle est la station de métro la plus proche?

_____

3. Quand le musée est-il fermé?

_____

_____

4. Que veut dire le mot «poupée» en anglais?

_____

5. Quel âge ont les poupées les plus vieilles?

_____

6. Qu'est-ce qu'on peut faire d'autre dans ce musée?

_____

_____

_____

Mon autobiographie

Everyone gets involved in different cultural activities. Write about a cultural activity that interests you and mention others that you don't have any interest in.

Do you watch a lot of television? What programs do you watch? Do you think you watch too much television or not? What do your parents think about it?

Tell something about the drama club at your school. What kind of plays does it put on? Is there a school star? Describe him or her.

Write about the types of movies you like. Do you go to the movies often or do you rent videos?

Who are your favorite movie stars?

Mon autobiographie

CHAPITRE 14

La santé et la médecine

Vocabulaire Mots 1

1 **La santé** Complete with an appropriate word.

1. Mathilde ne va pas bien. Elle est _____.

2. Elle n'est pas en bonne santé. Elle est en _____ santé.

3. Elle ne se sent pas bien. Elle se sent _____.

4. Elle a très mal à la gorge. Elle a une _____.

5. Elle prend de la _____, un antibiotique.

2 **Ça ne va pas?** Match each expression in the left-hand column with its equivalent in the right-hand column.

1. _____ Il va très bien.   **a.** Elle est enrhumée.

2. _____ Elle a un rhume.   **b.** Elle a de la fièvre.

3. _____ Elle a très mal à la gorge.   **c.** Il se sent bien.

4. _____ Elle a de la température.   **d.** Qu'est-ce qui ne va pas?

5. _____ Qu'est-ce qu'il a?   **e.** Elle a une angine.

3 **Le pauvre Cyril** Cyril has the flu. Describe his symptoms.

1. _____

2. _____

3. _____

4. _____

5. _____

6. _____

4 Des médicaments Complete each sentence.

1. Je prends de l' _____ quand j'ai mal à la tête.

2. Je prends un _____ quand j'ai une infection bactérienne.

3. Les gens qui ont des allergies sont _____.

4. La _____ est un antibiotique.

5 Quelle partie du corps? Identify each part of the body.

1. _____   2. _____   3. _____

4. _____   5. _____   6. _____

Vocabulaire Mots 2

6 Chez le médecin Answer.

1. Qui va chez le médecin, le malade ou le pharmacien? _____

2. Qui examine le malade? _____

3. Qui ausculte le malade? _____

4. Qui souffre? _____

5. Qui fait une ordonnance? _____

6. Qui prescrit des médicaments? _____

7. Qui vend des médicaments? _____

8. Qui prend des médicaments? _____

Structure Les pronoms **lui, leur**

7 **Des malades** Rewrite each sentence, replacing the italicized words with a pronoun.

1. Le médecin parle *à Caroline*.

   _____

2. Le médecin parle *à Grégoire*.

   _____

3. Le malade pose une question *au pharmacien*.

   _____

4. Le malade pose une question *à la pharmacienne*.

   _____

5. Le pharmacien donne des médicaments *au malade*.

   _____

6. Le pharmacien donne des médicaments *à la malade*.

   _____

8 **Au téléphone** Rewrite the sentences, replacing the italicized words with an object pronoun.

1. Je téléphone à *mes copains*.

   _____

2. Je parle *à Stéphanie*.

   _____

3. Je parle *à Christian* aussi.

   _____

4. Je demande *à mes amis* comment ça va.

   _____

5. Je dis *à mes cousines* de me téléphoner.

   _____

6. Je dis au revoir *à mes cousines*.

   _____

9 **Toujours au téléphone** Rewrite the sentences, replacing the italicized word(s) with **les** or **leur.**

1. Je téléphone *à mes amis.*

_____

2. Je parle *à mes amis* en français.

_____

3. J'aime bien *mes amis.*

_____

4. J'invite *mes amis* à une fête.

_____

5. Je demande *à mes amis* d'être à l'heure.

_____

6. Je donne mon adresse *à mes amis.*

_____

10 **Je veux être seul.** Answer in the negative, using a pronoun.

1. Tu invites *Laurence*?

_____

2. Tu vas téléphoner *à ton copain*?

_____

3. Tu vas voir *tes cousins*?

_____

4. Tu donnes ton numéro de téléphone *à tes amis*?

_____

5. Tu vas expliquer ton problème *à tes parents*?

_____

Les verbes **souffrir** et **ouvrir**

11 **Malade comme un chien!** Complete with the correct form of the verb in parentheses.

1. Oh là, là! Je _____ à mourir, beaucoup. (souffrir)

2. Le médecin m'examine la gorge. J'_____ la bouche. (ouvrir)

3. Docteur, est-ce que tous les malades _____ comme moi? (souffrir)

4. Non, vous, vous _____ plus que les autres. (souffrir)

5. Je peux vous _____ un verre d'eau? (offrir)

6. Non merci, Docteur. Je préfère _____! (souffrir)

12 **Finis les souffrances!** Rewrite each sentence in the **passé composé.**

1. Il souffre, le pauvre!

   _____

   _____

2. Je souffre d'allergies.

   _____

   _____

3. Toi aussi, tu souffres d'allergies?

   _____

   _____

4. L'allergologiste m'offre ses services.

   _____

   _____

5. J'ouvre la porte et je sors quand il me dit le prix de la consultation!

   _____

   _____

L'impératif

13 **Visite médicale** Complete with the familiar form of the imperative.

1. Julien, _____ la bouche, s'il te plaît. (ouvrir)

2. _____ «ah», s'il te plaît. (dire)

3. _____ comme ça. (faire)

4. _____ ces comprimés. (prendre)

5. _____ un instant. (attendre)

6. Ne _____ rien cet après-midi. (manger)

14 **Autre visite médicale** Rewrite each sentence in Activity 13, using the formal form of the imperative. Make all the necessary changes.

1. Monsieur Gaspin, _____

2. _____

3. _____

4. _____

5. _____

6. _____

15 **Des suggestions** Suggest what you and your friends may do, based on the illustrations.

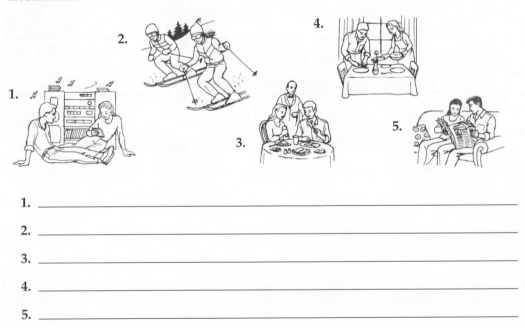

1. _____

2. _____

3. _____

4. _____

5. _____

Le pronom **en**

16 **Je suis malade!** Answer as indicated, using the pronoun **en.**

    1. —Tu as de l'aspirine?

    —Oui, _____

    2. —Tu as du sirop?

    —Non, _____

    3. —Tu as des médicaments?

    —Non, _____

    4. —Tu as de la pénicilline?

    —Non, _____

    5. —Tu as des kleenex?

    —Oui, _____

    6. —Tu ne parles jamais de ta santé?

    —Non, _____

17 **Ta famille** Give personal answers. Use the pronoun **en.**

    1. Tu as combien de frères?

    _____

    2. Tu as combien de sœurs?

    _____

    3. Tu as combien de cousins?

    _____

    4. Tu as combien de cousines?

    _____

    5. Tu as combien d'oncles?

    _____

    6. Tu as combien de tantes?

    _____

Nom _____ Date _____

Un peu plus

A **Le rhume** Read the following article that appeared recently in a popular French health magazine.

Éviter • Détecter • Soigner

• Comment éviter un rhume
La meilleure prévention repose sur une bonne forme physique et une hygiène de vie. Prenez les précautions que vous dicte le bon sens. Évitez les brusques variations de température. Mettez une «petite laine» ou un pull pour sortir. Prenez une alimentation riche en vitamine C (fruits et légumes pas trop cuits).

Le rhume est très contagieux. Évitez les lieux de grande concentration humaine et ne vous approchez donc pas trop d'une personne enrhumée.

• Comment détecter un rhume
Si vous avez le nez qui coule
Si vous éternuez
Si vous vous sentez fatigué(e)
Si vous avez une petite fièvre,.....sans doute .....,c'est un rhume.

• Comment soigner un rhume
Il n'existe aucun traitement spécifique. Un rhume, traité ou non, dure une semaine. Vous pouvez cependant remédier aux désagréments qu'il provoque avec des médicaments dits *de conforts*.

Buvez beaucoup d'eau et de jus de fruits. Si la petite fièvre vous gêne, prenez un anti-thermique comme l'aspirine.

Les antibiotiques sont sans intérêt.

B **Comment dit-on?** In the article above, find the French equivalent for each of the following expressions.

1. how to avoid a cold _____

2. take precautions _____

3. good sense _____

4. sudden variations in temperature _____

5. a slight fever _____

6. how to treat a cold _____

C **Répondez.** Give answers based on the selection.

1. Quelle est la meilleure prévention pour un rhume?

_____

2. Pourquoi doit-on éviter les personnes enrhumées?

_____

3. Quand on a un rhume, est-ce qu'il faut prendre des antibiotiques? De l'aspirine?

_____

4. Combien de temps dure un rhume?

_____

D **Plaques de médecins** Which doctor are you going to call?

Docteur André Simonet
OTO-RHINO-LARYNGOLOGISTE
SUR RENDEZ-VOUS   TEL.01 84 56 37 19

Docteur Véronique Dumas
ALLERGOLOGISTE
SUR RENDEZ-VOUS   TEL.01 75 69 42 30

Docteur Jean-Luc Forêt
DENTISTE
SUR RENDEZ-VOUS   TEL.01 27 45 83 61

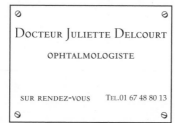
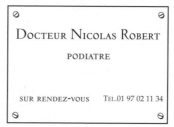

Docteur Juliette Delcourt
OPHTALMOLOGISTE
SUR RENDEZ-VOUS   TEL.01 67 48 80 13

Docteur Nicolas Robert
PODIATRE
SUR RENDEZ-VOUS   TEL.01 97 02 11 34

1. Vous avez mal aux yeux. Vous allez chez qui?

_____

2. Vous avez mal à la gorge. Vous téléphonez à qui?

_____

3. Vous avez mal aux dents. Vous allez chez qui?

_____

4. Vous avez une allergie. Vous téléphonez à qui?

_____

5. Vous avez mal aux pieds. Vous allez chez qui?

_____

Mon Autobiographie

What is the name of your family doctor? Where is his or her office? How often do you see him or her? Write about some minor ailments you get once in a while. Are you a good patient or not? You may want to ask a family member.

Mon autobiographie

Self-Test

4

Nom _____ Date _____

1 Make a list of five things you use when you get ready in the morning.

1. _____

2. _____

3. _____

4. _____

5. _____

2 Make a list of five things you do before going to school.

1. _____

2. _____

3. _____

4. _____

5. _____

3 Choose the correct completion.

1. On se regarde dans _____.
   a. un savon
   b. une glace
   c. un peigne

2. Elle se brosse _____.
   a. la figure
   b. les mains
   c. les cheveux

3. Le soir, elle _____.
   a. se lève
   b. se réveille
   c. se couche

4. Une pièce est divisée en _____.
   a. entractes
   b. acteurs et actrices
   c. actes

5. Les sous-titres sont pour _____.
   a. les films doublés
   b. les films étrangers
   c. les séances

6. J'ai un rhume. J'ai _____.
   a. une angine
   b. le nez qui coule
   c. un mouchoir

7. Il est en bonne _____.
   a. tête
   b. fièvre
   c. santé

Workbook
Copyright © Glencoe/McGraw-Hill

Bon voyage! Level 1, Self-Test 4 ⚜ **149**

4 Complete with the correct form of the verb in parentheses.

1. Je _____ à six heures et demie. (se lever)

2. Vous _____? (se raser)

3. Je _____ les dents. (se brosser)

4. Mes parents _____ à onze heures. (se coucher)

5. Nous _____ tous les jours à la même heure. (se réveiller)

6. Tu _____ tard tous les soirs? (se coucher)

5 Rewrite the sentences in the **passé composé.**

1. Ma sœur et moi, nous nous levons tôt.

_____

2. Je me réveille tôt.

_____

3. Ils se dépêchent.

_____

4. Vous vous couchez à quelle heure?

_____

5. Nous nous amusons bien ensemble.

_____

6 Make the past participle agree when necessary.

1. Elle s'est lavé _____ la figure.

2. Elle s'est lavé _____.

3. Ils se sont lavé _____ les dents.

4. Je me suis brossé _____ les cheveux.

7 Complete with the correct form of **savoir** or **connaître.**

1. Je _____ cette fille.

2. Tu _____ où elle habite?

3. Ils ne _____ pas nager.

4. Vous _____ bien Paris?

5. Je _____ que la France est en Europe, mais je ne

_____ pas le pays.

8 Answer using an object pronoun. The answer can be affirmative or negative.

1. Tu connais Marie?

_____

2. Tu sais son numéro de téléphone?

_____

3. Tes amis t'invitent souvent?

_____

4. Tu invites souvent tes amis à des fêtes?

_____

9 Answer using an object pronoun.

1. Tu connais la famille de Guillaume Bertollier?

Oui, _____.

2. Tu parles souvent à sa sœur?

Oui, _____.

3. Elle te parle quelquefois de moi?

Non, _____.

4. Tu peux lui parler de moi?

Non, _____.

Workbook
Copyright © Glencoe/McGraw-Hill

Bon voyage! Level 1, Self-Test 4 ⚜ **151**

10 Give personal answers. Use pronouns whenever possible.

1. Tu es souvent malade?

_____

2. Tu vas souvent voir le médecin?

_____

3. Ton médecin est une femme ou un homme?

_____

4. Tu trouves ton médecin sympathique?

_____

5. Tu parles facilement de tout à ton médecin?

_____

6. Quand est-ce que tu es allé(e) le voir la dernière fois?

_____

7. Pour quelle genre de maladie?

_____

11 Give personal answers, using a pronoun whenever possible.

1. Tu as des frères et sœurs? Combien?

_____

2. Ils s'appellent comment?

_____

3. Tu as quelquefois des problèmes?

_____

4. Tu parles souvent de tes problèmes à tes frères et sœurs?

_____

5. Tu parles quelquefois de tes problèmes à tes ami(e)s?

_____

6. Tu parles de l'école à tes parents?

_____

Answers appear on page 156.

Answers to Self-Tests

Self-Test 1

1
1. française
2. brun
3. grande
4. un collège/un lycée
5. le frère
6. copains

2
1. regarde
2. écoute
3. passent
4. parle
5. rigolent/parlent

3
1. mère, père
2. grands-parents
3. tante
4. oncle
5. cousins, cousines

4
1. la chambre à coucher
2. la salle de bains et les toilettes
3. la cuisine
4. la salle à manger
5. la salle de séjour

5
1. américaine, sympathique
2. américain, sympathique
3. américaines, sympathiques
4. américains, sympathiques

6
1. Le
2. la
3. le
4. l'
5. Les

7
1. des
2. un
3. une
4. une
5. des

8
1. suis
2. est
3. sommes
4. es
5. êtes
6. sont

9
1. ai
2. ont
3. a
4. ont
5. as
6. avez
7. avons

Workbook
Copyright © Glencoe/McGraw-Hill

Bon voyage! Level 1, Answers to Self-Tests ⚜ **153**

10
1. arrive
2. jouent
3. parle
4. arrive
5. aimez
6. invitons

11
1. b
2. c
3. c
4. b

Self-Test 2

1
Answers will vary.

2
Answers will vary.

3
1. faim
2. café
3. carte
4. serveur
5. addition

4
1. un blouson
2. des chaussures
3. une jupe (plissée)
4. une chemise
5. un pantalon
6. une casquette
7. une robe
8. un complet
9. un tailleur

5
1. vais
2. vont
3. prends
4. prenez
5. faites
6. voulez
7. veux
8. peux
9. mettez
10. croyez
11 crois
12. voyez

6
1. au
2. à la
3. à l'
4. aux

7
1. de l'
2. de la
3. du
4. des

8
1. du
2. le
3. de
4. les
5. des

9
1. Camille est plus sympathique qu'Arnaud./ Arnaud est moins sympathique que Camille.
2. Valérie est aussi intelligente que Caroline./ Caroline est aussi intelligente que Valérie.
3. Joël est plus sérieux que Lucie./ Lucie est moins sérieuse que Joël.
4. Mes amis sont aussi amusants que tes amis./ Tes amis sont aussi amusants que mes amis.

10
1. Je suis plus sociable qu'eux.
2. Je suis moins jolie qu'elles.
3. Il est plus sympathique que lui.
4. Elle est plus gentille qu'elle.

11
1. gentille
2. vietnamiennes
3. quel
4. canadiens
5. bonne

12
1. b
2. a
3. c
4. c
5. c

Self-Test 3

1 *Answers will vary.*

2 *Answers will vary.*

3
1. a
2. c
3. c
4. b
5. a
6. c
7. a
8. c

4
1. sors
2. sortez
3. partez
4. attendez
5. dites
6. disent

5
1. Ils servent le petit déjeuner de 7 heures à 10 heures et demie.
2. Nous ne dormons pas bien dans cet hôtel.
3. Vous ne dites rien?
4. Nous, quand nous ne pouvons pas dormir, nous lisons.
5. Et nous, nous écrivons des lettres et nous ne perdons pas patience.

6
1. Qu'est-ce que
2. quoi
3. ce
4. tout
5. qui
6. quel

7
1. Il ne parle à personne.
2. Vous ne dites rien.
3. Je ne suis jamais à l'heure.
4. Nous n'attendons personne.

Workbook
Copyright © Glencoe/McGraw-Hill

Bon voyage! Level 1, Answers to Self-Tests ⚜ **155**

8
1. Il a parlé.
2. Nous avons choisi.
3. Vous avez fini?
4. Tu as perdu!

9
1. dû, bu, cru, vu, pu, voulu, lu, reçu, eu, pris, appris, compris, mis, dit, écrit, été, fait

10 *Answers will vary.*

11
1. Je ne suis pas rentré à minuit.
2. Ils ne sont pas partis la semaine dernière.
3. Tu n'as jamais été à l'heure!
4. Nous n'avons pas eu de chance.
5. Elle n'a rien dit.
6. Ils n'ont vu personne.

Self-Test 4

1 *Answers will vary.*

2 *Answers will vary.*

3
1. b   5. b
2. c   6. b
3. c   7. c
4. c

4
1. me lève   4. se couchent
2. vous rasez   5. nous réveillons
3. me brosse   6. te couches

5
1. Ma sœur et moi, nous nous sommes levé(e)s tôt.
2. Je me suis réveillé(e) tôt.
3. Ils se sont dépêchés.
4. Vous vous êtes couché(e)(s) à quelle heure?
5. Nous nous sommes bien amusé(e)s ensemble.

6
1. -
2. e
3. -
4. -

7
1. connais
2. sais
3. savent
4. connaissez
5. sais, connais

8
1. Oui, je la connais. / Non, je ne la connais pas.
2. Oui, je le sais. / Non, je ne le sais pas.
3. Oui, ils m'invitent souvent. / Non, ils ne m'invitent pas souvent.
4. Oui, je les invite souvent. / Non, je ne les invite pas souvent.

9
1. je la connais.
2. je lui parle souvent.
3. elle ne me parle jamais de toi.
4. je ne peux pas lui parler de toi.

10 *Answers will vary.*

11 *Answers will vary.*